진실에 대한 깨달음

진실에 대한

깨달음

행복의 과학(Happy science) 입문

오오카와 류우호오 지음

가림출판사

2010년 11월, 만사를 미뤄놓고 지구의 뒤편에 있는 브라질로 날아가 일주일 동안에 5번의 설법을 감행한 불석신명(不惜身命)의 기록이 본서에 있다. 일본을 떠나기 직전에 일본의 행복의 과학 종합본부에서 만일의 경우를 대비하여 전하지 못한 가르침이 없도록 '유언 설법'까지 하고 현지로 향했다.

현지로 향하는 도중, 미합중국의 댈러스 공항에서 4시간 정도의 급유 환승 시간이 있었기에 공항 앞에서 긴급 설법을 하겠다고 말을 해서 비서진을 난처하게 만들었고 "댈러스에는 회원이 없습니다"라는 비서진의 말에 "그렇다면 전갈이라도 모아 가지고 와라"라고 했을 정도로 마음이 흥분되어 있었다.

본서는 브라질 사람에게 한 설법을 모은 책이지만, 모든 사람들의 진리입문서가 되도록 기획한 설법이다. 이 책은 많은 사람들에게 '해피 사이언스 입문'의 계기가 될 것이라고 믿는다.

2011년 1월 말
행복의 과학 그룹 창시자 겸 총재 오오카와 류우호오(大川隆法)

차례

제1장

신비의 힘이란 무엇인가
(On Mystical Power)

행복의 과학과 기독교의 공통점은 사랑

Boa tarde! [보아타르지! (안녕하십니까!)]

브라질 정심관에 모이신 여러분, 정말로 감사합니다. 내가 메스트레(마스터) 류우호오 오오카와입니다. 일본에서 출발해서 오늘 오전에 브라질에 도착했습니다.

아직 시차 직응이 안 되었지만 오늘 이 브라질 정심관에 리더 회원이 200명 정도나 모여 있으므로 '신비의 힘이란 무엇인가' 라는 주제로 간단한 법화를 하고자 합니다.

지구의 반대편에서 막 도착했기 때문에, 오늘은 브라질 정심관을 시찰만 하려고 했지만, 성격상 그것만으로는 만족하지 못하여 '어렵게 시찰하러 왔으므로 무언가 이야기를 하고 싶다'고 생각한 것입니다. 그 결과, 여러분은 내 법화를 한 번 더 들을 수 있는 기회가 생겼습니다.

나는 가능하다면 브라질에 자주 오고 싶은데, 다음이 언제가 될지 모르고, 여러분 중에는 고령인 분도 계셔서, 내 법화를 듣는 것이 '처음이자 마지막'이 될지도 모르므로 조금이라도 이야기를 할 수 있는 기회가 있을 때 놓치지 않고 이야기해 두고 싶습니다.

특히 여기 브라질은 내가 있는 일본에 비하여 영적인 사상, 신비적인 사상이 꽤 받아들여지고 있는 나라라고 들었습니다. 그리고 국민의 80퍼센트는 가톨릭 신자라고 들었습니다. 그렇다면 '많은 국민이 예수에 대한 신앙을 가지고 있다'는 것이 됩니다.

기독교 신자 여러분에게 다음과 같은 말을 하면 '정말일까?'라고 생각할 수도 있고, 여러분이 이 말을 전했을 때 '정말입니까?'라는 말을 들을지도 모르지만, 사실 예수 그리스도는 내 친구입니다.

더 확실하게 말하자면, 나는 그에게 상당한 지도를 하였습니다. 2000년 전, 그가 지상에 내려왔을 때, 천상계로부터 여러 가지 영감을 주고 방향을 제시한 것은 나입니다. 지금은 내가 지상에 태어났기 때문에 예수가 여러 가지 영감을 주고 있습니다.

80퍼센트가 가톨릭 신자라면, 브라질 국민은 사상적으로는 행복의 과학을 상당히 잘 이해할 수 있으리라고 생각됩니다.

왜냐하면 행복의 과학 가르침 속에는 아마도 예수의 생각이 30퍼센트 정도는 들어 있다고 생각되기 때문입니다. 행복의 과학에는 그 외의 사상도 있지만, 기독교와 사랑의 가르침이 공통적입니다.

기적을 일으키는 힘이란 무엇인가

행복의 과학을 믿는 사람에게는 수많은 기적이 일어난다

'신비의 힘이란 무엇인가'는 법화의 주제와도 관계가 있는데, 그리스도가 일으켰었던 기적들이 일본에 있는 행복의 과학 신자에게도 많이 일어나기 시작했습니다. 브라질에서도 내가 온 것을 계기로, 앞으로 수많은 기적들이 일어날 것입니다. 이것은 예언해 두겠습니다. 반드시 그렇게 됩니다.

일본에서는 행복의 과학이 기원하여 암이 소멸하는 기적이 자주 일어나고 있습니다. 또 스케이트보드를 타다가 넘어져서 두개골이 파손되어 뇌좌상(腦挫傷)이나 뇌출혈, 전두엽의 손상 등으로 의식불명에 빠진 사람이 수술도 받지 않고 회복하였고 후유증도 남지 않았습니다. 질의응답에서 나에게 질문을 한 사람의 궤양이 감쪽같이 사라져 버린 일도 있습니다.

또 다음과 같은 일도 있었습니다.

일본의 휴양지인 하코네(箱根)에는 행복의 과학 연수시설인 하코네 정사(箱根精舍)가 있는데, 2010년 여름에 내가 그곳에서 설법을 하고 난 후 질의응답에서 어떤 사람이 '저는 전생에 우주인이 아니었을까?'라고 느낍니다만, 어떻게 생각하십니까?'라고 질문을 했습니다. 그래서 나는 '30초 정도 시간을 주겠습니까?'라고 말하고 그 사람의 전생을 리딩(영적인 조사, 靈査)했습니다.

그 결과, 전생에 우주인이었음을 알게 되었고 나는 그 사람에게 '당신은 전생에 화성인이었습니다. 2미터 정도의 크기로 두더지와 닮은 땅 속에 사는 생물인데, 인간과 비슷한 정도의 지능을 가지고 있었습니다'라고 전했습니다.

사실 그 사람은 유소년기부터 아토피성 피부염에 걸려서, 특히 햇볕 알레르기로 피부가 햇빛에 닿으면 거칠어지고 너덜 너덜해지는 사람이었다고 합니다.

그런데 나한테서 '당신은 옛날에 화성인이었으며 지하에 살고 있었습니다. 지상에 나오는 일은 거의 없었습니다' 라는 이야기를 듣고 난 후, 그 병이 나아서 피부가 깨끗해지고 햇볕을 쬐어도 아무렇지 않게 되었습니다.

　병에 걸리는 것은 이 세상의 원인만으로 그렇게 되어 있는 경우도 있지만, 사실은 리딩을 통해 그 사람의 전생까지 거슬러 올라가다 보면, 과거세(過去世)에 원인이 있는 경우도 있습니다. 그것을 정확히 알았을 경우 '병의 원인을 본인이 자각한 단계에서 병의 근본이 밝혀지고, 그 결과 병이 완치되는 일'이 일어나는 것입니다.

　이와 같이 지금 행복의 과학에서는 다양한 난치병이 완치되고 있습니다.

　행복의 과학 가르침은 인도에도 퍼져 있습니다. 인도에는 행복의 과학이 전면 지원을 하는 초등학교가 있고, 삼백여 명 정도의 아이들이 있는데, 그 학교의 아이들은 교정에서 전원이 수법(修法) '엘 칸타아레 힐링' 을 행하고 있습니다. 이것은 병을 치료하기 위한 방법입니다.

　인도의 가난한 지역에는 병원에 갈 돈이나 약을 살 돈이 없는 사람들이 있습니다. 어린이들이 '엘 칸타아레 힐링' 을 행

하는 것은 요컨대 '돈을 쓰지 않아도 병이 낫는다' 라는 방법
때문입니다. 그것을 나는 녹화 영상으로 보았는데, 일본의 학
교에서 못하는 것을 인도에서 하는 것을 보고 놀랐습니다.

신이 인류를 구제하고 있다는 증명을 하기 위해 기적이 일어난다

이 세상에는 신비로운 일이 많이 있는데, 신비로운 세계의
문이 열리고 그것을 실제로 접하기 위해서는 무엇인가 계기가
필요합니다. 일상생활에서는 경험하지 않는 것, 느끼지 않은
것과 마주하는 것이 중요합니다.

신비로운 사항, 보통 생활 속에서는 있을 수 없는 것, 세상
의 통상적인 법칙 속에서 일어나서는 안 되는 일이 실제로 일
어나는 것입니다.

이와 같이 이 세상에서 일이나서는 안 될 결과가 일어나는
것을 '기적' 이라고 부르고 있습니다. 그 기적을 일으키는 원
인은 단 하나로 요약할 수 있습니다. 그것은 '신앙' 입니다.

행복의 과학에서는 오랫동안 신앙을 그다지 강하게 내세우
지 않았습니다. 원래는 진리 학습단체로 시작하여 '행복의 과

학(해피 사이언스)'이라는 명칭에서도 알 수 있듯이 '행복해지기 위한 과학', '영계의 과학'을 연구하는 입장에서 대단히 이성적이고 지성적인 단체, 지식인이라고 말해지는 사람들이 많이 모여든 단체였기 때문에 의도적으로 기적을 많이 일으키지 않았습니다.

하지만 이제는 막을 수 없게 되어 수많은 기적들이 일어나기 시작했습니다. 지금은 일본을 넘어서 필리핀이나 아프리카에서도 기적이 일어나고 있습니다. '의사에게 버림받은, 나을 수 없는 환자의 병이 완치되는 일'이 실제로 일어나고 있습니다.

이것은 이 세상에서는 예외적인 일일지도 모르지만, 신이 사람들을 구제하고 있다는 증명이라고 할 수 있습니다. 그 증명을 위해 일정한 예외로서 이러한 일이 일어난다고 생각됩니다.

여러분 중에도 이러한 것을 증명하는 역할을 맡은 사람이 있을지도 모르겠습니다. '신, 혹은 부처라고 말하는 위대한 신령에 의해 보내진 인간으로서, 이 세상에 태어나서 살고 있다'는 것을 증명하기 위해 이런 기적이 몸에 임하는 일도 있을 것입니다.

바울은 부활한 예수에게 부름을 받고 갑자기 눈이 보이지 않게 되었지만, 기독교 신자의 기도에 의해 다시 눈이 보이게 되었습니다. 그리고 그는 기독교를 박해하는 입장에서부터 기독교를 전도하는 입장으로 바뀐 것입니다.

여러분 중에는, 처음에는 행복의 과학을 믿지 않았거나, 전도를 받아도 그것을 거부한 사람도 있었겠지만, 어느 날 기적을 체험하고 진리를 확신하는 일이 있으리라고 봅니다.

이와 같은 현상이 이제부터 10배, 100배로 일어난다는 것을 나는 단언합니다. '내가 브라질에 왔다'는 것은 '이제부터 이러한 기적을 일으킬 생각으로 왔다'는 것입니다. 앞으로 이런 기적에 대한 뉴스가 많은 사람들에게 알려질 것입니다.

'많은 사람들을 구하고 싶다'는 마음이 기적을 일으킨다

'성서' 속에는 예수를 배신한 제자들이 많이 나오는데, 최후에는 그들도 예수의 기적을 믿으며 예수와 똑같이 병을 치료하는 힘을 얻어서 많은 사람들을 구할 수 있게 되었습니다.

여러분에게도 많은 사람들을 구하는 힘이 임하게 될 것입니다. 그것이 신앙의 힘이며 진리의 힘이기도 합니다.

왜 그런 일이 일어나는가 하면, 결국 행복의 과학 가르침의 밑바탕에는 '이 세상에 살고 있는 사람들을 한 사람도 빠짐없이 행복하게 하고 싶다, 인류를 돕고 싶다, 구하고 싶다'고 하는 생각이 있기 때문입니다. 이 마음이 기적을 부르고 있습니다.

'사람들을 인도하고 싶다'고 하는 강한 소망이 그들의 인생 코스를 바꾸어 갑니다. 나쁜 인생 코스에서 좋은 인생 코스로 바뀌는 것입니다.

이것이 성스러운 종교의 역할입니다.

나는 브라질에 오기 전에 공부를 겸해서 브라질 영화를 몇 편인가 봤습니다. 그리고 '매우 심각한 영화가 많다'고 느꼈습니다. 범죄영화, 즉 범죄자가 무수히 나오는 폭력적인 영화가 너무나 많았기 때문입니다. 거기에 그려진 것은 '신도 부처도 없다'고 간주되는 사회였습니다.

실제로 본 상파울루는 영화에서 본 상파울루보다 아름답게 보였습니다. 근대적이고 뉴욕과도 닮은 느낌이 있어서 영화에서 본 것과는 달랐는데, 영화에서 보는 것만으로는 범죄가 넘치며 사람들의 마음이 거칠어진 것이 실제 상황인 것과 같다는 인상을 느꼈습니다. 그 때문에 '이대로 내버려 둘 수는 없다'고 하는 생각이 든 것입니다.

만약 이 사회가 병들어 있어서 사람들이 선과 악의 차이를 모르고, 또 '신의 구원은 무엇인가?' 라는 것조차 모른다면 그것을 가르치는 것은 중요한 일입니다. 따라서 될 수 있는 한 신비로운 이야기를 많이 해야 한다고 생각하고, 여러분의 활동에서도 '많은 사람들의 인생을 바꾸어 간다'고 하는 힘을 실제로 드러내지 않으면 안 된다고 생각하는 바입니다.

'신자 수, 회원 수가 늘어난다'고 하는 것은 물론 교단으로서는 바람직한 일이지만 행복의 과학은 그것만을 목적으로 활동하는 것은 아닙니다. 사람들의 인생을 올바른 쪽으로 향하게 하여 신이 바라는 인생을 보낼 수 있는 사람이 한 명이라도 늘어나도록 인도해 가고 싶습니다. 그것이 행복의 과학이 해야 할 역할입니다.

지금 브라질에서는 행복의 과학 신자가 급증하고 있는데, 단순히 늘리는 것만이 아니라 부디 그 안에 혼을 담아주십시오. 생각을 담아주십시오. 열의를 담아주십시오. '사람들을 구하고 싶다'고 하는 강한 마음을 깃들이게 해 주셨으면 합니다.

우리는 단순히 교단의 발전만을 바라는 것이 아닙니다. '올 바름'이 이 지구를 뒤덮기를 바라고 있는 것입니다.

그리고 사랑이 사람들 사이에 맺어질 것을 진심으로 바라고 있습니다. 사람들이 서로 증오하는 것이 아니라 자신의 잘못을 회개하여 다른 사람들을 용서하고 서로 사랑하는 사회를 만들기를 바라고 있습니다. 그것이 행복의 과학이 진심으로 바라는 소망입니다.

그 때문에 이 브라질이라고 하는 땅도 대단한 영적인 자장을 가진 땅으로서 선택되었다고 생각하는 바입니다.

앞으로 영적인 변혁이 일어난다

 브라질과 인도에서 행복의 과학 신자가 급속하게 늘고 있다

행복의 과학 국제전도에서 브라질은 다른 나라에 비하여 뛰어난 활동을 해 왔습니다.

내가 이 활동을 시작한 지 24년이 지났습니다. 이곳에는 처음으로 왔음에도 불구하고 이미 정심관(正心館)이 세워져 있었습니다. 현지 여러분의 노고가 얼마나 컸는지 잘 알 수 있습니다.

여러분은 열심히 했습니다. 정말로 감사합니다. 다른 외국 사람들의 본보기가 되었습니다. 이것은 정말로 기쁜 일입니다.

일본 내에서는 '일본 신자들은 브라질을 보고 반성하지 않으면 안 된다. 일본에 비하면 거의 지원을 받지 않았는데도 불구하고 브라질 신자들은 자발적으로 열심히 전도하고 있지 않는가? 우리도 더 열심히 해야 한다. 일본인이 더 의심이 많고 움직임이 둔하다. 브라질에서 열심히 전도하는 것을 보고 배워야 한다'라고 말하고 있습니다.

또 지금은 인도에서도 행복의 과학 신자 수가 대폭 늘어나고 있습니다. 인도에서는 아마 2013년까지 신자 수가 100만 명을 넘을 것이라고 합니다. 대단히 번창하고 있습니다.

인도의 어느 지역에서는 2009년에 공개된 영화 '불타재탄(佛陀再誕)'을 보고 3명 중 1명이 행복의 과학 삼귀신자('불·법·승'의 삼보(三寶)에 귀의할 것을 다짐한 자)가 되었다고 합니다. 쉽게 말해서 진짜 신자가 된 것입니다.

인도는 원래 불교 국가이므로 불타를 다룬 영화가 인도 사람들에게 대단히 반응이 좋다고 들었습니다. '애니메이션 영화를 보고 그 자리에서 신자가 되는 사람도 많다'고 듣고 일본과 많이 다른 것에 놀랐습니다.

한편 이 브라질에서는 영화 '영원의 법'(2006년 공개)의 평판이 아주 좋다고 들었습니다.

이 영화는 내가 제작·총지휘를 한 애니메이션 중에서 가장 어려운 것 중 하나입니다. 아름답지만 내용이 어렵고 일본인도 이 영화를 '이해하기 힘들다'고 말하는 사람이 많았습니다. 일본에서 제작된 애니메이션인데도 일본인이 '이해하기 힘들다'고 말하는 것입니다.

왜냐하면 이 영화는 저 세상의 구조에 대해 아주 자세하게 설명하고 있기 때문입니다. 영화 '영원의 법'은 '저 세상에는 차원구조라는 것이 있고 각각의 차원은 이렇게 되어 있다'라는 형태로 저 세상의 풍경을 나타내고 있습니다.

그런데 '저 세상이 있는지 없는지 모르겠다'고 하는 사람이 일본인 중에 7할 정도 있습니다. 일본은 이런 상태입니다. 저 세상이 있는지 없는지도 모르는 사람에게는 영화 '영원의 법'은 이해가 되지 않는 것입니다.

이 영화가 브라질에서는 행복의 과학 영화 중에서 제일 인기가 좋습니다. 이것은 '브라질 국민은 영적 세계에 관심이 많다'라는 것을 뜻하고 있는 것이라 생각합니다.

프랑스인인 앨런 칼데크의 저서 《영의 서(書)》는 저 세상의 세계에 대해 쓴 책인데, 이것이 브라질에서는 400만 부 이상이나 팔렸으므로 그 영향력은 2000만 명 이상에게 끼쳤다고 할 수 있습니다.

그 《영의 서》는 자동서기 등을 통해서 영계로부터의 통신을 모아 그것을 요약한 책인데, 행복의 과학도 1981년에 자동서기에서 시작되었습니다. 내 손이 자동적으로 움직여 천상계로부터 메시지를 받아 적었던 것입니다.

그 후 나의 목소리를 통해서 천상계의 여러 고급령이 이야기하게 되었습니다. 정확하게 센 적은 없지만 '행복의 과학 지원령단(支援靈團)은 500명 정도 있다'고 말합니다.

현재까지 올해에 일본에서 내가 쓴 책이 서점에서 팔리고 있는 것만도 50권 이상 되는데, 그 가운데 40여 권은 영언집(靈言集)이며, 여기에 등장한 영인(靈人)은 100명을 넘어섰습니다. 이것은 대단한 파워입니다. 앨런 칼데크의 《영의 서》 정도가 아닙니다. 올해만으로 100명 이상의 저 세상 사람들이 영적 메시지를 보내 와서 그것이 출간된 것입니다.

올해 나의 저서는 일주일에 한 권 이상의 속도로 출간되고 있습니다. 이것은 대단한 기적입니다. 그리고 일본의 대형 신문에도 매주 광고가 크게 실립니다.

일본도 지금 변혁기 속에 있습니다.

하지만 일본 사람들 대부분은 아직 브라질에 계신 여러분처럼 영화 '영원의 법'을 보고 영계의 차이를 이해하고 그것을 '재미있다'고 느끼는 수준까지는 이르지 못했습니다. 그것을 나는 슬프게 생각하고 있습니다. 시간은 걸리겠지만 발상지인 일본에서도 영적인 혁명을 일으키고 싶습니다.

영적인 의미에서 이미 선진국인 브라질에 계신 여러분이 행복의 과학 사상을 널리 퍼뜨려 주셨으면 하는 소망입니다. 그것을 일본에 역수입하고 내가 일본 사람들에게 '브라질 사람들은 이 정도로 열심히 공부하고 있다, 여러분도 조금은 보고 배웁시다'라고 말할 수 있도록 해주셨으면 합니다. 그것을 진심으로 바라고 있습니다.

오늘 짧은 시간이었지만 저의 열정을 담은 설법을 들어주셔서 대단히 감사합니다.

제2장

상승사고의 힘
(The Power of Invincible Thinking)

행복의 과학이
일본에서 최고의 종교인 이유

 일본인은 '오오카와 류우호오'의 이름을 알고
있다

소로카바 지부 여러분 모여 주셔서 감사합니다.

이 지부에서의 설법은 예정에는 없었지만 브라질 최대 지부 중의 하나이므로 내가 '가고 싶다'고 해서 갑작스럽게 일정에 넣었습니다. 일본과 브라질과의 거리는 2만 킬로미터 정도 됩니다. '모처럼 왔으므로 상파울루만으로는 아쉽다. 갈 수 있는 한 여러 곳을 가고 싶다'고 하여 오게 된 것입니다.

오늘 설법의 제목은 '상승사고(常勝思考)의 힘'입니다. 상승사고(행복의 과학 출판 간행)는 포르투갈어로도 번역되어 있으므로 비교적 이해하기 쉬울 것이라고 생각합니다. 그렇다고 설법을 할 때 서적의 내용에 구애 받을 생각은 전혀 없습니다. 여러분의 머릿속에 떠올리기 쉬운 형태로 이야기하겠습니다.

어젯밤 도쿄의 종합본부에서 팩스를 84장이나 대량으로 보내 왔습니다. '무엇을 보내 왔냐?' 하면 일본에서 시판된 '주간 다이아몬드' 라는 경제잡지의 최신호 기사였습니다.

거기에는 '신흥 종교' 에 대한 특집이 80페이지 정도로 구성되어 있었는데 다른 종교에 대해서도 실려 있었지만 상당 부분이 행복의 과학에 관한 기사였습니다.

이 잡지는 보통 주간지가 아니라 경제 전문지로 상당한 신용을 얻고 있는 잡지입니다. 경제지로서는 매우 수준이 높은 잡지인데, 1년 전에도 종교 특집을 하여 그때도 행복의 과학을 대대적으로 기사화한 적이 있습니다.

어제 보내온 기사를 읽었더니 행복의 과학을 다양한 관점에서 대기업 식으로 분석하고 있었습니다. 여러 가지로 우리에게 유익한 관점에서 연구 · 발표해 주었습니다.

그것에 의하면 '이미 행복의 과학은 일본 최고의 종교다' 라는 확실한 자리 매김이었습니다. 작년과 올해 2년 연속으로

'일본 최고의 종교다' 라고 발표한 것입니다.

브라질에서는 일본에서 신흥 종교로 성공한 것으로서 '생장의 집'이나 '세계 구세교'가 알려져 있을 것입니다. 그 두 가지는 일본의 신흥 종교 중에서는 상위 20위 이내에 들어 있는 종교인데 '주간 다이아몬드' 지의 연구에 의하면 행복의 과학 규모는 생장의 집이나 세계 구세교의 15배 정도 되는 것이라고 합니다. 이것을 들으면 브라질에 계신 여러분은 놀랄 것입니다.

브라질에서는 그 두 종교가 먼저 유명해졌지만 일본에서 행복의 과학은 그 둘을 훨씬 뛰어넘는 규모이고 현재 최고라고 할 수 있습니다.

그 잡지에서는 행복의 과학에 대해 '지금은 외국에서도 전도를 진척시키고 있는 중이며 국내에는 공식적으로 1,100만 명의 신자가 있지만 해외에도 100만 명은 있을 것이다' 라고 쓰여 있었는데, 행복의 과학 홍보국은 '그것을 훨씬 뛰어넘었다' 라고 불평들을 하고 있습니다. 이와 같이 행복의 과학은 지금 일본에서는 대단한 힘이 있으며 가장 주목받고 있는 종교입니다.

브라질에 계신 여러분은 아직 '행복의 과학이 신흥 종교로 처음 입문하는 신자가 많아서 전도가 활발하게 되지 않고 있다' 라고 생각할지도 모르겠습니다. 하지만 지금 일본인에게 앙케트 조사를 하면 8할 이상의 사람들이 행복의 과학 활동에 대해 알고 있습니다. 그리고 오오카와 류우호오를 모르는 일본인은 없습니다. 일본인은 거의 모두 나를 알고 있습니다.

그리고 이번에는 브라질에 계신 여러분에게 행복의 과학에 대해 더 알리고자 오게 된 것입니다. 그것을 알아주셨으면 좋겠습니다.

 ## 행복의 과학은 오피니언 성과 정신성이 매우 높다

행복의 과학은 지금 일본에서는 가장 주목 받고 있는 종교입니다. 성장성의 면에서도 그렇지만 일본의 종교 중에서 현재 가장 오피니언 성(opinion性)이 높은 종교입니다.

행복의 과학은 정치나 경제세계에 있어야 할 모습 등에 대하여 확실하게 의견을 내세울 수 있는 종교이며, 다른 종교에서 그런 일을 할 수 있는 곳, 현대의 문제에 대하여 말할 수 있는 곳은 없습니다. 유일하게 행복의 과학만이 현재 지금의 문제에 대한 의견을 말하고 있습니다.

행복의 과학은 그러한 오피니언 성, 의견성을 가지고 있습니다. 또 행복의 과학은 정신성도 대단히 높은 교단(敎團)입니다. 이것은 주간지에서는 거의 다루지 않는 내용인데, '대단히 정신적인 면이 깊다' 고 알려져 있습니다.

애초에 행복의 과학이 세상에 알려지는 계기가 된 것은 나의 저작을 통해서입니다. 지난 25년 간 나는 베스트셀러를 계속해서 출간해 왔습니다. 그 중에는 외국어로 번역된 것도 많습니다.

지금까지 나는 600권 이상의 저서를 출간하였는데 서점에서 판매한 서적은 한 권도 빠짐없이 베스트셀러에 들었습니다. '머지않아 기네스북에 실리는 것이 아닐까?' 라고 생각될 정도입니다. 25년 간 매년 베스트셀러를 거듭해 온 것이 실적으로서 인정을 받아왔기 때문입니다.

어제는 상파울루에 있는 큰 서점에서 행복의 과학 세미나가 자주 행하여시고 있는 곳을 보고 왔는데 《영원의 법》 (행복의 과학 출판 간행)의 포르투갈어 판이 잘 팔리고 있었습니다.

내가 《영원의 법》을 썼을 때는 아직 교단이 본격적인 활동을 시작하기 전이며, 신자가 거의 없는 상태였습니다. 그때 쓴 것이 번역되어 브라질에서 발간되었습니다. 《영원의 법》은

2006년에 영화화까지 되어 히트를 했습니다. 이러한 일들이 오랫동안 계속되고 있는 것을 매우 기쁘게 생각합니다.

이 《영원의 법》과 《태양의 법》, 《황금의 법》 (행복의 과학 출판 간행) 3부작, 3권은 내가 30세 때 입종(立宗)의 시점에서 쓴 책으로 행복의 과학 가르침의 골격을 형성한 것이라고 할 수 있습니다. 20여 년이나 지났음에도 불구하고 아직까지도 내용적으로 신뢰할 수 있으며, 그로 인해 지금도 다양한 외국어로 번역되고 있습니다.

 상승사고는 세계 각국에서 읽혀지고 있다

오늘 연제에도 있는 《상승사고》라는 책은 32세 때 행복의 과학을 시작해서 3년째에 접어들었을 때 쓴 것입니다. 이것은 4주 연속 진행된 세미나의 설법을 한 권의 책으로 만든 것입니다. '상승사고'라는 테마로 주제를 설정하고 매주 평일 밤에 1,000명 가까운 사람들이 모인 회장에서 4회에 걸쳐 이야기를 한 것입니다. 이 책은 그 해 200만 부 이상 일본에서 팔렸습니다. 이것으로 인해 나와 행복의 과학은 전국적으로도 인정을 받게 되었습니다.

이 책의 서평은 격이 높은 대형 신문에도 실렸습니다. 그
때까지 대형 신문은 종교서를 서평으로 다루는 것을 꺼리고
있었는데 《상승사고》는 그런 신문에도 서평이 실리게 되었고
그 무렵부터 베스트셀러로서 유명해진 책입니다.

이 책은 큰 힘을 가지고 있어 다양한 언어로 번역되어 세계
각지에서 읽혀지고 있습니다. 어떤 나라라도, 비록 신이나 부
처를 믿지 않는 유물론, 무신론의 나라라고 하더라도 '상승사
고'라는 사고방식은 활용할 수 있습니다. 그 때문에 중국어로
도 번역되어 그 쪽에서도 공부를 하고 있습니다. 최근 중국에
서는 《태양의 법》 중국어 번역판이 발간되었는데 표지에 '전
세계 1,000만 부 돌파'라고 쓰여 있었습니다.

지금 세계 각지에서 많은 사람이 종교나 사상, 신조를 넘어
서 내가 설하는 가르침을 공부하기 시작하였습니다. 나는 그
것을 매우 기쁘게 생각하고 있습니다.

저 세상의 존재는 상승사고의 전제

저 세상이 없다는 것을 증명할 수 있었던 사람
이 한 사람도 없다

이 '상승사고'라는 사고방식의 요점은 도대체 무엇일까요?

이것은 단순히 낙관적인 사상만을 긍정한 것이 아닙니다.
반대로 대단히 비관적인 사상도 아닙니다. 이런 표현을 하면
가톨릭은 곤란할 지도 모르지만 기독교에는 '인간, 죄의 자
녀'라는 사상, 즉 '인간은 원래 원죄를 가지고 있다. 선천적
으로 죄를 짊어지고 있다'는 사상이 있는데 그런 사상도 아
닙니다.

상승사고란 우선 '인간이 지상에 태어날 때 육체에 깃들이는 혼(魂)이야말로 인간의 본질이다' 라고 생각하는 사상입니다.

다시 말해서 '인간의 본래 세계는 이 3차원 세계가 아니다. 인간은 4차원에서 9차원까지 있는 세계의 혼으로 살고 있었던 존재다. 그런 존재가 시대가 바뀔 때 새로운 인생경험을 쌓으려고 국적을 바꾸고, 직업을 바꾸고, 성별을 바꾸어 이 세상에 태어나는 것이다' 라는 사고방식을 가지고 있습니다.

'이 세상만이 전부다' 라는 사고방식을 가지면 단순히 행복과 불행을 나눌 수도 있는데 '이 세상만이 전부가 아닙니다. 이 세상을 떠난 세계, 이 세상에서 벗어난 세계에 실재계라고 말해지는 진정한 세계가 있다' 는 데에서부터 생각하면 '이 세상에 태어난다' 는 것은 혼의 수행입니다.

요컨대 영적 존재가 육체에 깃듦으로써 새로운 이름과 개성을 가지고, 때로는 이전과는 다른 성별로 육체에 깃들여 인생경험을 하는 것입니다. 인생에는 그런 출발점이 있습니다.

이 증명을 위해 나는 수많은 영언(靈言)을 저 세상에서 내리고 있습니다. 지상을 떠난 세계에 살고 있는 영천상계(靈天上界)의 여러 고급령의 말을 책으로 만들어 증명을 계속하고 있는 것입니다.

물론 그것을 믿지 않는 사람도 있습니다. 하지만 적어도 '인간은 저 세상에서 이 세상으로 태어나 몇십 년의 인생을 보내고 이윽고 저 세상에 돌아가는 것이다'라는 바를 계속해서 증명하는 사람, 그 노력을 하는 사람이 있다는 것에 대해서는 역시 인정해 주시지 않으면 안 된다고 생각합니다.

　'저 세상의 존재를 믿지 않는다'라는 말은 간단하지만 '저 세상이 없다'는 것에 대한 증명을 성공한 사람은 아직 한 사람도 없습니다. 역사상 한 사람도 없습니다. '저 세상은 존재하지 않는다'라는 것을 증명할 수 있었던 사람은 한 사람도 없는 것입니다.

　한편 '저 세상이 있다'는 것을 증명하고자 한 사람, 설명하고자 한 사람은 아주 많습니다. 여러 시대에 종교가나 철학자, 사상가, 도덕가들이 저 세상이나 혼에 관한 이야기를 하고 있습니다. 그런 사람은 세계 각지에 잔뜩 있습니다.

　그런 사람들의 노력을 완전히 무시하고 단지 '나는 믿지 않는다'라고 말할 뿐이라면 그 태도는 오만한 태도가 아니겠습니까? 나는 열심히 노력하는 사람의 말에 조금이라도 귀를 기울여야 한다고 생각하는 바입니다.

 영계의 존재를 증명하기 위해 나는 대량의 영언집을 발간하였다

올해 내가 일본에서 새롭게 출판한 책은 서점에서 팔고 있는 것만으로 50권을 넘었습니다. 그 중 40권 이상은 영언집(靈言集)입니다. 영의 존재 증명을 위해 일부 지옥령을 들여놓고 지옥에 떨어진 사탄의 말도 넣어 보았는데, 거의 대부분은 저 세상의 고급령으로부터의 영시(靈示)입니다.

거기에 등장하는 영인(靈人)은 100명을 훨씬 넘었습니다. 100명 이상이 사람의 말을 하고 있는데 내용은 전부 틀립니다. 개성도 틀립니다. 지금 나는 이렇게 해서 영계의 증명을 계속하고 있습니다.

이전에도 이것을 하고 있었습니다. 단지 너무나 영인들의 개성이 많이 틀리고 교단으로서의 가르침이 알기 어려워졌으므로, 어느 날부터 영언집이 아니라 이론서에 중점을 두고 나 자신의 생각을 중심으로 피력해 왔는데, 시간이 흐르자 저 세상 바로 그 자체에 대해 믿지 못하는 사람이 늘어나고 있으므로 올해는 영언집을 많이 내고 있는 것입니다.

이 브라질 땅에는 영계를 믿고 영계사상을 가진 사람이 많은 것 같습니다.

브라질에서는 앨런 칼데크의 《영의 서》도 유명합니다.

또 브라질 사람으로 2002년에 세상을 떠난 쉬코 샤비엘이라는 사람은 '영계통신으로 자동서기를 하거나 에마뉴엘이라고 하는 자신의 〈수호령〉의 모습이 보이고 그 말이 들리기도 했다'고 말해지고 있습니다. 그의 생애를 다룬 영화도 브라질에서는 상당히 평판이 좋은 것 같습니다. 그것을 나는 일본에서 보았습니다.

사실은 어제 샤비엘의 저서를 사서 본인의 영을 불러 조금 이야기를 해 보았는데, 그는 이 세상을 떠난 지 8년 정도밖에 되지 않아 유감스럽게도 아직 영계를 충분히 이해 못한 상태였고 본래 자신이 깨달아야 할 곳까지 아직은 다다르지 못한 것 같았습니다.

그는 7차원의 보살계(菩薩界)에서 태어난 사람인 듯합니다. 그러나 지금은 저 세상에서 생각의 정리가 충분히 되지 않아 내가 전생윤회 사상의 이야기를 해도 '아직 충분히 믿을 수 없다'고 하는 상태였습니다.

나는 고대 로마에서의 다마스쿠스(Damascus) 지방의 고대 다마스쿠스 어로 '당신은 그 시대에 살아 있었죠'라는 이야기를 하였는데, 그도 거기에 맞춘 말로 이야기하였습니다만, 전생윤회에 대해서는 아직 확실하게 이해하지 못하는 상태였으므로 '공부할 시간이 좀 더 필요한 것이 아닐까?' 라고 느꼈습니다.

브라질에도 그 사람처럼 저 세상의 영의 말을 전하는 사람은 많이 있다고는 생각되지만, 나는 일본에서 저 세상의 많은 영인의 말을 본격적으로 공개하고 있습니다.

상승사고의 본질은 무엇인가

 이 세상은 '혼의 학교'

'영계는 있다. 인간은 저 세상에서 이 세상으로 태어나 몇십 년의 인생을 보내다가 이윽고 저 세상에 돌아간다'고 하는 사상을 받아들이면 '이 세상은 혼(魂)의 학교다. 이 세상에서 경험하는 것은 모두 교육으로서 허용되고 있다'라고 파악할 수도 있을 것입니다.

그렇게 생각할 때 잘못 생각해서는 안 되는 것은 무엇일까요? 그것은 '지금 자신이 불행한 환경에 처해 있다고 해도 그것을 부모 탓이나 회사 탓 등, 다른 탓으로 해서는 안 된다'는 것입니다.

물론 경기의 좋고 나쁨도 있는가 하면 여러 가지 사회적 변동도 있습니다. 또 대통령 등 그 나라의 정치적 지도자가 바뀌는 경우도 있습니다. 정치적 지도자가 정치에 실패하는 경우도 자주 있는데, 그 경우에는 나라가 위태해지고, 좋은 정치적 지도자가 나오면 나라의 경제가 다시 일어서거나 하므로 그 영향이 없다고는 말하지 않겠습니다. 반드시 영향이 있을 것입니다.

하지만 '어떤 시대여도 자신의 마음을 지키는 것은 자신이다. 어떤 운명의 강 한가운데 격류 속에 있어도 그 가운데에서 훌륭하게 배를 저어 건너가는 것은 자신이다' 라는 바를 잊어서는 안 됩니다.

그 관점에서 보면 이 세상에서 직업상의 실패, 연애에서의 실패, 병, 시험에서의 실패 등 여러 가지 일들이 있어도 자포자기하고 포기해서 자신을 망쳐서는 안 됩니다. 자신이나 세상이 믿을 수 없게 되어 일할 생각이 없어져서 미래가 어두컴컴하게 보이는 상황이 되어서는 안 됩니다.

'그런 인생관을 가진다는 것은 다름 아닌 자신의 책임이다' 라는 사고방식을 확실히 가지지 않으면 안 된다고 나는 생각합니다.

그런 나쁜 사정이 있었을 때, 예를 들어 '원죄'라는, 아득한 옛날에 인류의 선조가 저지른 죄로 인해 지금의 나는 이렇게 불행하다'라고 생각한다 해도 그것에 의해 지금의 자신이 구제되는 일은 없습니다. '원죄'라는 사상은 신앙을 세우거나 인간으로서의 잘못을 반성하여 참회하거나 하기 위해서는 도움이 되는 경우도 있습니다. 하지만 그것에 의해 현재 자신의 모든 것을 설명할 수 없는 것입니다.

 악령이 빙의하는 이유

또 자신이 불행한 것을 조상의 탓으로 하고 '조상이 헤매고 있기 때문에 지금 나는 불행하다'라는 말을 하는 사람도 있습니다. 그러한 경우도 없는 것은 아닙니다. 확실히 조상이 지옥에서 헤매고 있는 경우도 있고, 조상의 영이 자손에게 빙의(憑依)하는 경우도 있습니다. 실제로 그런 것을 많이 보아 왔습니다.

그렇지만 영계에는 '파장동통(波長同通)의 법칙'이 있어서 '들러 씌우는 것'과 '들러 씌워지는 것'은 생각이 통하는 것입니다. 그렇지 않으면 빙의령(憑依靈)은 지상 사람에게 씌어 있을 수 없습니다. 빙의령이 오래 씌어 있을 수 있는 것은 양자의 마음과 생각이 닮았기 때문입니다.

예를 들어 이 세상에 살아 있는 사람이 누군가를 강하게 원망하거나 미워하거나 하는 마음을 가지고 있다고 합시다. 그 경우 저 세상의 지옥계에 떨어져 사람을 원망하거나 미워하거나 화내거나 하는 조상이 있으면 양자의 파장이 통해 버립니다.

그렇게 되면 자손이 그 생각을 계속 가지고 있는 한 조상은 언제까지나 빙의할 수 있고 빙의된 사람의 운명을 나쁘게 만들어 갑니다. 그 사람을 병들게 하거나 사업을 성공시키지 않게 하거나 잘못된 판단을 시키거나 할 수 있습니다.

그런 의미에서는 '조상이 헤매고 있어서 자손을 괴롭힌다' 라는 현상이 있기는 있습니다. 하지만 그 경우에도 '우선 자손 쪽이 자신의 마음을 바로잡는 것이 중요하다' 라고 말해 주고 싶습니다.

브라질에 있는 일본 계통의 종교 중에는 불행의 전부를 조상의 탓으로 하거나 빙의령의 탓으로 하는 종교도 있습니다. 그런 것의 영향이 전혀 없지는 않지만 '빙의령을 떼어내는 것

은, 사실은 자신의 마음 상태에 달려 있다' 라는 것을 잊어서는
안 됩니다.

요컨대 자신의 마음을 연마하여 빛낸다면 악령은 씌어 있
을 수 없게 되는 것입니다. 단순한 타력신앙이라고 하는, 타력
에 의한 구원도 가능하지만, 각자가 자신을 연마하여 반짝반
짝 빛나게 함으로써 악령을 뗄 수도 있습니다. 그것을 알아주
셨으면 싶습니다.

마음이 반성에 의해 연마되어 빛을 발할 때에는 후두부에
후광이 비칩니다. 성인(聖人)을 그린 그림 등을 보면 금고리가
걸쳐져 있는 그림이 많은데, 그렇게 금색의 오라가 실제로 나
옵니다. 그런 상태가 되면 빙의령이 씌어 있을 수 없습니다.

또 자신의 빛이 나오는 상태가 되면 천상계와도 서로 통하
게 됩니다. 이 단계에서는 자신의 수호령, 혹은 수호령보다도
격이 높은 천사에 해당하는 지도령으로부터도 빛이 들어오게
됩니다. 그 빛은 대단히 따뜻한 빛이며 지금까지의 무거운 감
각, 괴로운 감각, 지친 감각 등이 단숨에 제거되는 것과 같은
기분이 듭니다.

 성공에서도 실패에서도 플러스의 결과를 이끌
어내는 사상

'상승사고'의 본질은 결국 '이 세상은 인생 학습의 학교이
므로 성공하든 실패하든 그 가운데에서 플러스의 결과를 이끌
어 가는 것이 중요하다' 라는 것입니다. 노력한 결과 성공하
면 그것을 순수하게 기뻐해도 좋습니다.

다만 그것으로 자만하는 것이 아니라 그 성공의 기쁨을 다
른 사람에게 나누어주는 것이 중요합니다. 그리고 앞으로 자
만에 의한 실패를 하지 않도록 겸허함에 주의하고 정진을 거
듭하지 않으면 안 됩니다. 한편 실패했을 경우에는 '이 실패
속에서 그 다음 성공의 싹이 있다' 는 것을 알고 '이 실패가 천
명, 천의(天意), 신의 마음으로서 지금 자신에게 무엇을 가르치
려고 하고 있는가?' 를 생각하고 그 가운데에서 교훈을 배워
가는 것이 중요합니다.

이런 자세로 인생을 사는 자는 '인생에 패배 따위는 있을
수 없다' 고 단언할 수 있습니다. '인생에서 만나는 모든 사건
은 자신을 연마하기 위한 재료, 자신을 성장시키는 씨앗으로
만들어 간다' 고 하는 마음으로 살아간다면 여러분은 성공의
길을 걸을 수밖에 없습니다. 그리고 '강한 자신' 을 스스로 만

들어 낼 수 있는 것입니다.

'상파울루의 브라질 정심관에서 설법을 하면 그것으로 이번 역할은 끝났다' 라고 생각할 수도 있었고 처음 예정은 그랬습니다. 그런데 일본을 떠나기 직전 나는 '3번 정도는 설법을 하고 싶다' 고 말해서 3회로 변경하여 브라질에 도착하였습니다. 그리고 '4번 하고 싶다' 고 하고, 잠시 후 '한 번 더 늘려서 5번 하고 싶다' 고 했습니다.

거기에는 육체적으로 보면 힘든 면은 있습니다. 나는 지금 철야에 가까운 상태로 설법을 하고 있고 육체적으로 그다지 좋은 컨디션이 아닙니다. 하지만 일본에서 브라질에 오는 것은 쉬운 일이 아니므로 이곳에 온 이상 한 사람이라도 더 많은 분들을 만나고 싶은 마음입니다.

이와 같이 적극적인 사상을 가지는 것이 자신의 인생을 크게 하는 것이며 성공을 향한 길에 들어가는 것이라고 나는 생각합니다. 변명을 하지 않고 어려움과 고난을 극복해 가는 것이 인생을 승리로 이끄는 길이라고 나는 생각합니다.

이렇게 나는 '모든 사건을 플러스의 씨앗으로서 생각해 가는 것이 중요하다' 라고 강하게 생각하고 있습니다.

제3장

행복을 향한 길
(The Way to Happiness)

내 자신이 '행복을 향한 길' 그 자체이다

준자이 지부정사의 여러분을 만나 뵙게 되어 대단히 기쁘게 생각합니다. 이번이 브라질에서의 세 번째 설법입니다. 여러 장소에서 많은 분들과 만나는 것을 매우 기쁘게 여기고 있습니다.

오늘은 '행복을 향한 길'이라는 세목을 선택해 보았습니다. 해피 사이언스, 즉 행복의 과학과 대단히 관계가 깊은 제목이라고 생각합니다.

준자이 지부정사에는 상파울루에서 자동차로 고속도로를 달려왔는데 일본에 비하면 브라질의 고속도로는 다소 비포장

도로를 달린다는 느낌이 들었고 길이 구불구불해서 '아직은 고속도로가 아닌 국도를 가고 있구나' 라고 생각하고 있었습니다. 그런데 고속도로라는 이야기를 듣고 놀랐는데, 어느 순간부터 속도가 빨라진 것을 보면 고속도로가 맞긴 했던 모양입니다.

고속도로를 달리고 있을 때, 나는 '나 자신이 〈행복을 향한 길〉 바로 그 자체구나' 라고 느꼈습니다. 길의 느낌이 되어 보면 '아, 나의 등 위를 차가 몇 대나 지나가고 있구나. 많은 사람들이 이 길을 걷고 있구나' 라고 느낄 것입니다.

상파울루에 가까운 곳에서는 주변에 쓰레기가 많이 버려져 있었습니다. 일본에서는 그다지 보지 못하는 광경인데 '길이라는 것은 쓰레기가 버려지기도 하고 트럭이 달릴 수도 있다. 소홀한 취급을 당하는 일도 있는가 하면 여러 가지로 도움이 되는 일도 있어 각양각색의 일이 있구나' 라고 느꼈던 바입니다.

생각해보면 11월은 지금으로부터 24년 전에 일본 도쿄에서 불과 90명 정도의 사람을 모아서 처음으로 설법을 했던 달입니다.

그로부터 24년 후, 지금 브라질에는 브라질 정심관이 세워지고, 거기서 설법을 하는 것만으로는 만족하지 못하여, 어제는 소로카바 지부, 오늘은 준자이 지부정사에서 설법을 하였습니다. 드디어 지구 반대편까지 와서 설법하고 있습니다.

저서에도 썼고 설법에서도 여러 번 말한 대로 '나는 일본인만을 위한 진리가 아니라 세계 모든 사람들을 위한 가르침인 진리를 설하는 사명을 가지고 있다' 는 것을 지금 스스로 확인하는 중입니다.

행복의 힌트

인생의 행복과 불행을 정하는 것은 자신이다

오늘은 짧은 시간밖에 이야기할 수 없으므로 자세한 곳까지는 들어가지 못하지만, 몇 가지 요점에 맞춰서 '행복을 위한 힌트'가 되는 것을 말해 두고 싶습니다.

첫 번째 '인생의 행복과 불행을 정하는 것은 자신이다' 라는 것입니다. 이것을 제일 먼저 말해 두겠습니다. '자신의 행복과 불행을 정하는 것은 다른 사람이 아니다' 라는 것을 알아주셨으면 합니다.

'다른 사람이 〈당신은 행복합니다〉, 〈당신은 불행합니다〉라

고 정했기 때문에 자신은 행복, 혹은 불행한 것이다' 라고 생각
한다면 그것은 잘못된 생각입니다. '자신이 행복한지 불행한
지를 정하는 것은 어디까지나 자신이다' 라는 것을 명심하십시
오. 이것이 여러분에게 첫 번째로 말해 두고 싶은 것입니다.

매일 아침에 일어날 때 '내가 행복한 하루를 보낼 것인가,
불행한 하루를 보낼 것인가?' 는 스스로 결정할 수 있는 일입
니다. 이것을 자각하지 않으면 안 됩니다. 그 하루를 행복하게
하는 것도 불행하게 하는 것도 다른 사람이 아닌 자신입니다.

예를 들어 지금 바깥은 흐려서 구름이 잔뜩 드리워져 있습
니다. 비가 내릴지도 모르고 또 어제의 소로카바 지부처럼 돌
아가는 길에 천둥이 칠지도 모릅니다.

하지만 그것으로써 '비가 내렸다. 천둥이 쳤다. 그래서 나
는 불행하다' 라고 생각하는 사람도 있는가 하면 '빗속, 천둥
속에서 아득히 먼 일본에서 온 오오카와 류우호오의 이야기를
들을 수 있었다. 나는 이런 환경에도 포기하지 않고 설법을 들
으러 갔다. 지금까지 공부해 온 보람이 있었다' 라는 기쁨으로
가득 찬 사람도 있습니다. 그런 사람에게 날씨 따위는 아무 상
관이 없는 것입니다.

비나 바람 등의 날씨에 의해 자신의 행복이나 불행을 정하

는 사람도 있겠지만 '그와 같은 외부 환경이 아니라 〈자신이 어떻게 생각할 것인가?〉에 의해 자신의 인생을 전적으로 지배할 수 있다'고 생각하는 것이 중요합니다.

이것은 내가 행복의 과학에서 반복하여 설하고 있는 첫 번째이며 가장 중요한 것 중의 하나입니다. 이 가르침을 하나만 붙잡고 있으면 대부분을 잊어버렸다고 해도 크게 길을 벗어나는 일은 없습니다.

우선 '행복이나 불행을 결정하는 주체는 자신이다. 자신의 마음 하나가 행복이나 불행을 결정하는 것이다'라는 것을 잊지 말아 주셨으면 합니다.

 ## 인간에게는 신의 일부가 깃들여져 있다

여러분 중에는 일찍이 일본에서 이민을 온 사람이나 그 자손인 일본 계통도 있을 것입니다. '아득히 먼 일본에서 브라질로 와서 그 결과 행복해졌다', 혹은 '불행해졌다'라고 생각할 수도 있을 것입니다.

브라질에 이민 온 사람은 많지만 각각의 사람이 자신의 행복을, 혹은 불행을 움켜 쥔 것입니다. 한 사람 한 사람이 자신의 인생을 만들어 간 셈입니다. 부디 이 원점을 잊지 말아 주셨으면 합니다.

다른 사람이나 환경을 탓하는 것은 아주 쉬운 일입니다. 실제로 그런 영향이 없다고는 말하지 않겠습니다. 날씨가 나쁘면 기분이 우울해지는 일도 있습니다. 경기가 나쁘면 의욕이 생겨나지 않는 것이 보통입니다. 사람들로부터 낮은 평가를 받거나 욕을 듣거나 하면 힘이 빠지는 것은 당연합니다.

그렇지만 '주변의 환경에 대해 자신이 어떻게 반응할 것인가?'는 한 사람 한 사람의 감정 문제입니다.

내가 설하는 종교에서의 인간상(人間像)은 예전부터 존재하는 수많은 종교에 비하면 훨씬 강한 것입니다. '여러분 한 사람 한 사람은 약한 인간이 아니다'라고 나는 말하고 싶습니다. 이유가 무엇일까요?

여러분이 믿는 종교는 다양하고 특히 기독교나 가톨릭 계통의 공부를 한 사람이 많겠지만, 이런 종교에서도 '신이 인간을 만드셨다'고 하는 교리가 존재할 것입니다. 즉 '신이 인간을 만드셔서 신의 일부가 인간 안에 깃들여 있다'고 하는 사실을 바꿀 수는 없습니다.

신은 무엇입니까? 신이란 '빛'입니다. 신은 '빛 바로 그 자체' 입니다. 그 빛의 일부가 여러분에게 깃들여 있으므로 여러분은 더욱더 자신에게 자신을 가지지 않으면 안 됩니다.

본래의 여러분은 더욱더 힘이 센 존재입니다. 가능성에 가득찬 존재입니다. 자신을 바꿀 수 있는 힘을 가지고 있습니다.

다른 사람에게 사랑을 주면서 살면 자신의 행복의 길이 열린다

여러분이 자신을 바꾸고 자신을 '신을 지향해서 성장해 가는 존재'로 이끌어 가고자 할 때, 이 지상을 떠난 영천상계(靈天上界)에서도 여러분을 보고 있는 존재가 반드시 있습니다.

그것을 신이라고 말해도 좋지만, 신에 가까운 천사들, 혹은 여래나 보살이라고 말해지는 빛의 지도령들이 항상 여러분을 지켜보고 있습니다.

그리고 '드디어 눈을 떴는가! 드디어 그때가 왔는가? 드디어 자신의 가치를 알아차렸는가!' 라고 말하며 기뻐하고 있습니다.

여러분이 자신의 사명을 깨우쳤을 때 '드디어 이제부터 본래의 일을 할 수 있다'는 것을 기뻐하는 존재가 여러분의 눈에 보이지 않는 세계에 있다는 것을 알아주셨으면 합니다.

나도 이 지상을 떠난 아득한 천상계로부터 지상에 태어난 자입니다. 그리고 한 가지 큰 사명을 가지고 아득히 먼 2만 킬로미터라는 거리를 날아와서 이 땅까지 여러분에게 진리를 퍼뜨리러 온 것입니다.

나는 스스로 '내 인생은 자신의 것이 아니다. 100퍼센트 신의 계획 바로 그 자체다' 라고 느끼고 있습니다. '자신이 이 지상을 비추는 빛 바로 그 자체다' 라고 굳게 믿고 있습니다. 그리고 '내가 지나간 뒤에 행복을 향한 길이 열린다' 라고 스스로 강하게 믿고 있습니다.

나는 수많은 어려움 속에 살고 있지만 '내가 지나간 뒤에 길이 열려서 많은 사람들이 그 길을 걸을 수 있다' 고 하는 것을 더할 나위 없이 행복한 일이라고 느끼고 있습니다. 나는 결코 자신의 일만을 말할 생각은 없습니다. 여러분도 똑같습니다.

실은, 자신이 행복해지고자 바란다고 해도 행복해질 수 없습니다. 자신이 행복해지고자 하는 것이 아니라 '세상 사람들을 행복하게 하자' 고 하는 강한 소망을 가지고 살아가며, 다른 사람들에게 사랑을 주며 살겠다고 하는 그 길 속에서 여러분의 행복은 열려 가는 것입니다.

안이하게, 간단하게, 쉽게, '자신을 행복하게 하자' 라고 생각하는 사람은 다른 사람들로부터 받는 것, **빼앗는** 것만을 생각합니다. 그리고 '다른 사람들로부터 충분히 얻지 못한다. 자신이 가지고 있어야 할 것을 가지고 있지 않다' 라고 생각하여 세상을 원망하거나 화를 내거나 푸념이나 불평불만만 합니다. 그 중에는 공격성이 강해져서 사회에 대한 범죄자가 되어 세상 사람들에게 해를 끼치는 사람도 나옵니다.

이런 사람들은 모두 '사랑이란 사람한테서 얻어지는 것, 남한테서 **빼앗는** 것이다. 행복이란 다른 사람한테서 받는 것이다. 다른 사람이 나를 행복하게 할 의무가 있다' 고 생각하고 있습니다.

그렇지 않습니다. 여러분 자신이 다른 사람을 행복하게 하는, 혹은 다른 사람을 사랑하는 고귀한 의무를 가지고 있는 것입니다. '다른 사람을 사랑하고 다른 사람을 행복하게 한다' 고 하는 것은 그것 자체가 '인간은 행복해질 권리가 아니라 행복해질 의무를 가지고 있다' 고 하는 뜻이기도 합니다.

이 세상에 인간으로서 살면서 '다른 사람들을 사랑하고 다른 사람들을 행복하게 한다' 고 하는 것에 자신의 행복을 겹쳐서 생각할 수 있는 사람만큼 행복한 사람은 없습니다.

보통 인간이라면 사람들로부터 무언가를 받는 것만 생각합니다. 하지만 그런 가운데에서 다른 사람에 대한 사랑이나 다른 사람의 행복을 생각하고, 자신의 직업을 실천하며 자신의 인생관을 만들어 낼 수 있는 사람은, 그 사람 자신이 행복한 상태이며 그 사람이 빛 바로 그 자체입니다. 왜냐하면 그런 인생관을 가진 사람은 세상을 비추고 있기 때문입니다. 이미 '세상을 비추는 빛'이 되어 있습니다.

그것이 '신은 빛이다'라는 의미이며 또 여러분이 인간으로서 태어날 때 '신의 빛 일부가 깃들었다'고 하는 것의 의미입니다.

미래의 사람들을 위해서 행복을 실현하는 사람이 되라

나는 여러분에게 다음에 나오는 내용을 말하고 싶습니다.

브라질은 확실히 범죄도 빈곤도 많고 여러 가지로 좋지 않은 사정이 많은 나라입니다. 그렇지만 이 나라는 미래가 약속되어 있는 나라이기도 합니다.

미국의 시대가 있었습니다. 또 일본이 번영하는 시대도 있었습니다. 지금은 중국도 대국으로서 그 기세를 더하고 있습니다. 그리고 '중국 다음에는 인도가 대국이 되고 2050년에는 중국을 앞지를 것이다' 라고 말해지고 있는데 '인도 다음에 오는 대국이야말로 브라질이다' 라고 말해지고 있습니다. '중국, 인도, 브라질이 차례로 번영·발전이 계획되고 있다' 는 것입니다.

그러면 이것은 '여러분의 자제나 손자의 시대에 브라질이라는 나라가 세계의 중심이 되는 시대가 될지도 모른다' 라는 것을 의미하고 있습니다.

내가 지금 이 브라질 땅에 와서 설법을 하는 것은 실제로 살아 있는 여러분만을 위해서가 아닙니다. 여러분의 자제나 손자의 시대에 이 나라가 세계를 비추는 빛이 되기 위해, 그 씨앗을 뿌리기 위해 나는 온 것입니다.

이 나라에는 빛나는 미래가 반드시 열립니다.

현재는 빈곤으로 인해 힘든 일도 있을 것입니다. 경제가 안정되지 않기 때문에 괴로운 일도 있을 것입니다. '좀처럼 바라는 대로 인생이 열리지 않는다' 라는 괴로움도 있을 것입니다. 병의 괴로움도 있을 것입니다. 그렇지만 여러분은 '미래의 대국에 태어났다' 라고 하는 행복을 가지고 이 세상에 태어난 것입니다.

여러분이 지금 하려고 하는 일은 미래의 사람들에 대한 커다란 복음이 됩니다. 미래를 위한 씨앗 뿌리기가 되는 것입니다. 따라서 후세 사람들을 위해 여러분 자신이 행복의 실천자가 되어 주십시오. 진정한 의미에서 신의 행복을 구현한 자신이 되어 주십시오.

그렇기 때문에 첫 번째로 필요한 사고방식으로 '행복이나 불행을 정하는 것은 자신이다' 라고 하는 것을 말했습니다.

힌트 2 저 세상은 100퍼센트 존재한다

두 번째로 말해 두고 싶은 것은 '천국·지옥이라는 저 세상의 세계는 100퍼센트 존재한다' 라는 것입니다.

이것을 나는 과거 30년 간 탐구하여 계속 증명해 왔습니다.

나의 저서 중에는 브라질에서는 아직 번역되지 않은 것도 많은데 일본에서는 600여 권의 책을 출간했습니다. 대부분이 베스트셀러입니다. 그리고 설법도 천 번이 넘게 해 왔습니다. 올해도 이미 이백 회가 훨씬 넘게 진행하고 있습니다.

나는 차례로 새로운 가르침을 설하여 셀 수 없이 많은 사람들에게 행복을 향한 길, 진리를 향한 길을 계속해서 설해 왔습니다. 그리고 무슨 일이 있어도 여러분이 알아주셨으면 하는 것이 있습니다.

'인간에는 신의 빛이 깃들여 있다'고 말했는데 그것은 바꾸어 말하면 '진정한 자기는 육체 바로 그 자체가 아니다. 육체에 깃들인 혼, 영체(靈體)로서의 자신이 진정한 자기다'라는 것입니다. 그것을 확실히 인지해 주셨으면 합니다.

다시 말하면, 죽어서도 저 세상에 가지고 돌아갈 수 있는 것은 여러분의 마음밖에 없습니다. 이 세상에 있는 것은 저 세상에는 하나도 가지고 돌아갈 수 없습니다. 집도, 재산도, 옷도, 이 세상의 학력도, 지위도, 그 무엇도 저 세상에 가지고 돌아갈 수 없습니다. 저 세상에 돌아갈 때 남는 것은 마음 하나뿐입니다. '마음이 아름다운가, 아닌가? 마음이 깨끗한가, 아닌가? 마음이 풍요로운가, 아닌가?', 그것만이 문제가 됩니다.

'천국의 문을 지나갈 때는 이 세상의 것을 하나도 가지고 갈 수 없다'라는 것을 알아주십시오.

'저 세상에 가지고 돌아갈 수 있는 것은 마음밖에 없기 때문에 이 세상에서 경험하는 다양한 일은 자신의 마음을 연마하기 위한 재료에 지나지 않는다' 라는 것을 부디 강하게 생각해 주셨으면 합니다. 그것이 인생의 목적 바로 그 자체이기도 합니다.

이 세상에서 고난, 어려움, 좌절, 슬픔, 인간관계의 실패, 이런 것을 당하지 않는 사람은 없지만 '여러 가지 슬픔이나 괴로움 속에 살면서 어떻게 자신의 마음을 아름답게 빛낼 것인가?' 라는 것이 중요합니다.

'다른 사람에게 해를 당했다' 는 생각을 가지고 자신에게 상처를 입히며 사는 사람도 있고 그 사람에게 복수하기 위해 인생을 보내는 사람도 있지만 그러한 인생은 잘못된 것입니다.

'이 세상은 여러 가지 일들을 경험하는 장소이며 그 경험안에서 어떻게 풍요롭고 둥글고 아름다운 마음을 만들 것인가?' 가 중요합니다.

힌트 3   인생에서 방황하고 있다면 최종적으로 신앙을 선택한다

세 번째로 덧붙인다면 다음과 같습니다.

이 세상을 살아가면서 판단에 망설이고 고민하는 일이 많을 것입니다. 이 세상에는 유혹적이고 매력적인 것이 많이 있습니다. 그 때문에 헤매는 일이 많을 것입니다. 다만 인생에서 방황하게 되면 최후에는 신앙을 선택해 주십시오.

'신앙을 선택한다'는 것은 약한 인간이 하는 것이 아닙니다. '신앙을 선택한다'는 것은 '나는 용기를 가진 인간이다'라는 것을 가리키고 있습니다. 눈에 보이지 않는 것을 믿고 눈에 보이지 않는 가치를 위해 인생을 거는 것은 대단한 용기가 필요한 행동입니다.

신앙을 가진 사람은 결코 약하지 않습니다. 사실은 용기가 있는 강한 사람이며 신에게 사랑 받는 사람이며 신에게 기대 받고 있는 사람입니다. 여러 가지 일로 인해 방황하는 경우는 많겠지만 '최후에는 신앙을 선택한다. 신앙만으로 꿋꿋하게 산다' 라고 결심해 주셨으면 합니다.

내가 진리탐구의 길에 들어선지 머지않아 30년이 됩니다. 이 30년 동안 계속적으로 설하고 있는 것은 일관된 내용입니다. 또 영천상계의 몇백 명에 이르는 지원령(支援靈)으로부터 여러 가지 영시(靈示)를 받아 왔는데, 그들이 말하는 것도 일관적인 내용으로 기본적으로는 여기서 내가 말한 것과 같습니다.

부디 '신앙을 통하지 않고서는 이 세상과 저 세상의 벽을 넘을 수 없다'는 점을 알아주십시오.

그것이 진정한 의미에서의 '과학'입니다. 미래의 과학입니다. 행복의 과학입니다. 영계의 과학입니다. 신비도 포함시킨 과학입니다.

과학이란 '탐구하는 마음'입니다. '미지의 것을 부정하지 않고 미지의 것을 추구하는 마음'이기도 합니다. 그것은 결코 현대의 지식 시대에 어긋나는 것이나 부끄러운 것 등이 아니고 미래를 향한 새로운 과학입니다. 그것을 알아주셨으면 싶습니다.

브라질이라는 나라가 더욱더 발전할 것을 진심으로 희망하며 설법을 마치도록 하겠습니다.

제4장

진실에 대한 깨달음
(Awaking to the Truth)

인류에게 공통되는 깨달음을 향한 길

 인간으로서 갖추어야 할 조건

오늘 설법은 브라질 정심관에서의 두 번째 설법입니다. 여러분과 여러 번 만나게 되어서 매우 기쁩니다. 브라질에 와서 이것으로 4회째 설법이며 모레의 설법이 5회째로서 마지막입니다.

나는 '행복의 과학이 추구하는 기본적인 사고방식을 해외에 있는 사람들도 잘 알 수 있는 형태로 남기고 싶다'는 생각을 가지고 여기에 왔습니다.

브라질에서의 연속 강연은 여기에 있는 여러분을 위한 설법이지만, 다른 나라에서도 번역하여 각종 세미나 등에서 사용할 예정입니다.

또 이번의 연속 강연도 한 권의 책으로 엮어질 것입니다.

브라질에 와서 행한 설법에 대해 여러분이 감상을 써 주셔서 읽어 보았는데 일본의 신자와 비교해 보아도 '진리의 공부가 뒤졌다'고 생각되지 않았습니다. 오히려 상당히 날카롭고 논리적인 사고방식을 가지고 있어서 놀랐습니다. 또 질의응답에서는 내가 일본에서 이야기하려고 했던 주제에 대해 질문을 받아서 크게 놀랐습니다.

이 지구상 어디에 살든 '인간이 생각하는 것, 고민하는 것, 추구하는 것은 그렇게 크게 다르지 않구나'라고 느끼게 되었던 것입니다.

여러분의 감상을 읽고 '내가 설하는 가르침이 일본 이외의 다른 나라 사람들에게도 통한다'라는 것을 잘 알았습니다. 그렇지 않다면 내 가르침은 인류를 구하는 가르침이 되지 못할 것입니다. 지역에 따라 여러 가지 차이는 있겠지만 '인간으로서 해야 할 일, 인간으로서 추구해야 하는 것'은 같다고 생각합니다.

오늘 내가 여러분에게 이야기할 것은 '인간으로서 갖추어야 할 조건' 입니다. '인간으로서 살아가기 위해 신이 주신 조건, 최소한의 조건' 이라고 말해도 좋겠습니다. 그것을 나는 '진실에 대한 깨달음' 이라고 제목을 붙였습니다.

그것은 작은 의미에서는 여러분 한 사람 한 사람의 깨달음입니다. 그리고 큰 테두리에서 보면 인류에게 공통되는 '깨달음을 향한 입문' 에 관한 이야기가 될 것입니다.

 ### 영계의 존재를 아는 것이 깨달음의 첫걸음

다음에 이야기 할 내용에 대해서는 아마 일본 사람보다도 브라질에 사시는 여러분이 더 잘 인식하고 있다고 생각되는데 '지상만이 인간이 사는 세계가 아니고, 영계라는 큰 세계가 지구를 감싸고 존재한다' 라는 사실을 받아들이는 것, 이것이 '깨달음을 향한 첫걸음' 이 된다는 사실입니다.

이 지상 세계를 넘은 세계에 진정한 세계가 있고, 그 세계가 있기 때문에 신이나 부처라는 존재도 있을 수 있습니다. 또 이 세상을 떠난 세계, 이 세상을 졸업하고 가는 세계가 있기 때문에 이 세상에서의 혼(魂) 수행이 대단히 중요한 의미를 가지고 있는 것입니다.

이것을 깨닫는 것은 대단히 중요합니다. 이것은 간단한 일이기도 하지만 현대인, 다시 말하여 지구의 구석구석까지 모든 사람에게 필요한 것입니다.

현대의 문명은 과거의 문명에 비해 상당히 고도의 차원까지 왔다고 생각됩니다. 그 과학기술 문명의 높이가 조금 전에 말한 단순한 진리를 상실하게 만들고 있다면, 그것은 대단히 유감스러운 일입니다.

브라질에서는 헬리콥터를 일본보다 자주 볼 수 있습니다. 그 이유는 자동차가 많아서 도로가 정체되어 있기 때문이고, 또 범죄가 많이 발생하므로 대부분의 현금 수송을 안전한 헬리콥터를 이용해 수송하기 때문이라고 들었습니다. 그러나 헬리콥터가 자유롭게 날아다니는 시대라고 하더라도 근본의 진리 자체가 바뀌는 일은 없습니다.

나는 비록 '분신'의 모습을 취한다고 해도 3000년에 한 번 정도밖에 지상에 있는 인류 앞에 나타날 수가 없습니다. 따라서 나의 설법은 적어도 3000년 후까지 남겨야만 하는 것입니다. 이런 마음으로 근본적인 진리의 간단한 모습을 여러분에게 알려 주고 싶습니다.

행복의 과학은 지금으로부터 30여 년 전에 영천상계로부터의 영시(靈示)라는 형태로 시작되었습니다. 처음에는 자동서기 (自動書記)로 고급령의 말을 전했습니다. 그 다음에는 영언(靈言)이라는 형태로 나의 목소리를 통해서 영인(靈人)이 이야기하게 되었습니다. 그 후 나의 깨달음도 깊어져서 스스로 법을 설할 수 있게 되었습니다.

올해도 이미 이백 회가 넘는 설법을 하였습니다. 드디어 종교가로서의 자각, 그리고 구세주로서의 자각을 하게 되었다고 스스로 느끼고 있습니다.

제자들에게는 '땅 끝까지라도 전도하라' 라고 말하고 있는데, 그것을 나도 실천함으로써 내가 진실을 이야기하고 있다는 것을 가르치고 있습니다.

일본 사람들만을 구하는 것이 목적이 아니고 '전 세계 사람들에게 이 진리를 전하고 싶다' 고 매우 강하게 염원하고 있습니다.

올바른 신앙과 행복의 원리

 ## 내가 행복의 원리를 설하는 이유

'영적 세계가 존재하고 그 영적 세계로부터 높은 차원의 존재, 고급의 존재가 이 지상에 가르침을 내리려 하고 있다'는 것이 사실이며 '선택된 사람을 통해서 그 진리를 지상에 전한다'라고 하는 형태가 과거 몇 번이나 되풀이 되고 있습니다.

이번에는 나를 통해서 수많은 여러 고급령들이 각자의 개성을 살린 가르침을 전하고 있습니다. 그래서 오늘은 특색이 있는 다양한 가르침 속에서 불교적인 것을 골라 여러분에게 전하고 싶습니다.

　이 브라질에서는 기독교가 강한 지반을 가지고 있으므로, 기독교적인 가르침을 설하는 것이 익숙하겠지만, 그것은 모레의 설법(본서 제5장)에서 하기로 하고, 오늘은 불교적인 가르침 쪽에 중점을 두고 이야기를 하겠습니다.

　지금으로부터 2500년 전, 나는 인도의 땅에서 80년의 생애를 마감할 때 '2500년 뒤에 아시아의 동쪽 나라에 다시 태어나서 진리를 설하겠다'는 것을 유언으로 남겼습니다. 그리고 불타가 입멸(入滅)한 지 정확히 2500년째인 1956년에 나는 일본에 태어났습니다. 1956년은 큰 의미가 있는 해입니다. 그 해 아시아의 불교 국가들은 '불멸 2500년'을 크게 축하하고 있었던 것입니다.

　나는 약속을 지켰습니다. 그리고 24세 때에 득도하여 30세부터 종교의 구체적인 전도 활동에 들어갔습니다.

　그 가운데에서 내가 여러분에게 되풀이하여 가르쳐야 된다고 느낀 것은 '인간의 행복이나 불행은 최종적으로는 이 세상을 떠난 단계에서 판정된다'는 것입니다.

　따라서 영적 세계의 마스터(인류의 교사)이기도 한 내가 사람들에게 가르쳐야 할 것은 '이 가르침을 따라가면 이 세상을 떠날 때 반드시 행복한 세계로 돌아갈 수 있다'는 길, 그런 원리입니다. 게다가 그것을 될 수 있는 한 이해하기 쉽게 단순한 형태로 설하여 많은 사람들이 깨닫게 하는 것이 필요한 일입니다.

 천국에 돌아가는 사람은 올바른 신앙을 갖고 있다

최초에 말한 것처럼 '영계의 존재 증명'도 깨달음의 첫걸음이므로 대단히 중요합니다. '영계가 있으며 자신의 본래 세계로 돌아가는 여행이 지금부터 시작된다'라고 전하는 것도 중요합니다.

두 번째로 중요한 것은 '지금 자신의 삶의 태도가 내세(來世)에 살게 될 천상계라고 말해지는 세계로 이어지는 삶의 태도인가? 아니면 지옥계라고 말해지는 세계로 통하는 삶의 태도인가? 이것을 스스로 판단할 수 있도록 인도하지 않으면 안 된다'는 것입니다.

이에 관해서 기본적인 요점을 말하겠습니다.

천국, 즉 천상계에 돌아가는 사람의 특징은 무엇일까요?

물론 가장 중요한 것은 '올바른 신앙을 갖고 있다' 는 것입니다. 반대로 '올바른 신앙을 갖고 있지 않다' 는 것은 '아직 인간으로서 미숙하다' 는 것을 뜻합니다. 동물에게는 신앙이 없습니다. 올바른 인간의 조건, 고상한 인간의 조건은 '올바른 신앙을 갖고 있다' 라는 점입니다.

그러면 올바른 신앙은 무엇입니까?

나는 이번에 올바른 신앙에 속하는 '행복의 원리' 라는 것을 가르치고 있습니다. '인간이 행복해지기 위한 원리' 인 네 가지 길, '현대의 사정도(四正道)' 를 가르쳐 왔습니다. 이것을 '행복의 원리' 라고 말하고 있습니다.

'행복의 원리' 란 '사랑', '지(知)', '반성', '발전' 의 네 가지입니다.

사랑의 원리 ─ 다른 사람의 행복을 기뻐하고 축복해준다

'사랑의 원리' 에서는 '인간은 다른 사람들에게 사랑을 받으려고만 한다. 하지만 그것은 사실 천국을 향한 길이 아니다' 라고 가르치고 있습니다.

천국을 향하는 길은 사람들로부터 사랑을 빼앗는 것이 아니라 사람들에게 사랑을 주는 것입니다. '자신의 이익이나 손해를 따지지 않고 똑같은 시대에 살고 있는 다른 사람들을 사랑한다' 라는 것입니다.

사랑한다는 것은 그 사람들의 훌륭함을 인정하는 일입니다. '다른 사람도 인간으로서 행복해질 권리를 가지고 있다' 는 것을 인정하는 것입니다.

사랑한다는 것은 '자신이 아닌 다른 사람이 훌륭한 인생을 사는 것을 긍정한다' 라는 것입니다. '다른 사람이 행복해져서 미소가 생기고 풍요로워지고, 그리고 올바른 길에 들어간다' 는 것을 기뻐하는 마음을 갖는 일입니다.

이것이 '사랑의 원리' 입니다.

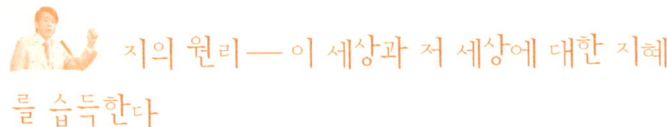 지의 원리 — 이 세상과 저 세상에 대한 지혜를 습득한다

두 번째로 설하는 '지의 원리' 란 무엇입니까?

'지의 원리' 는 현대적으로는 다양한 세계관을 이해하기 위한 지식도 배경에는 가지고 있지만, 그 속의 근본적인 사고방식은 '이 세상과 저 세상의 관계를 설명할 수 있는 지혜(智慧)를 획득한다' 라는 것입니다.

다시 말하여 '저 세상에 가지고 돌아갈 수 있는 정확한 인생지식과 인생관을 가진다' 는 것입니다. 바꾸어서 말하자면 '영적인 인생관을 가진다' 라는 것입니다.

이것은 무슨 뜻일까요?

여러분은 이 세상에서 각자의 일을 가지고 있습니다. 가정을 가지고 있습니다. 인간으로서 살아가기 위해 나날이 해야 할 일이 많을 것입니다.

하지만 일상생활의 바쁜 삶 속에서도 잊어서는 안 되는 사실이 있습니다. '나는 영적 존재로서 이 세상에 살고, 그리고 언젠가는 이 세상을 졸업하여 저 세상의 세계로 여행을 떠난다' 라는 것을 늘 염두에 두며 살아가지 않으면 안 됩니다.

이것은 바꾸어 말하자면 '신, 부처의 눈으로 보면 어떤가? 올바른 삶의 태도를 갖고 있는가?' 를 생각하며 하루하루를 살아가는 것입니다.

이런 영적 인생관에 뒷받침된 지혜나 지력(知力)이 '지의 원리' 입니다.

또 그것은 다양한 경험이나 지식을 모은 다음 이 세상을 훌

룡하게 살기 위한 지혜로 만들어 가는 힘이기도 합니다.

예를 들어 영언집이라고 하는 여러 고급령의 말 속에서 인생의 힌트, 살아가는 힌트를 얻는 경우도 거기에 해당할 것입니다. 또 나의 설법 중에서 인생의 힌트, 살아가는 힌트를 움켜쥐는 것도 거기에 해당될 수도 있을 것입니다.

이와 같은 영적 인생관, 신불(神佛)로부터 보아 옳다고 생각되는 인생관을 익히는 것을 두 번째의 '지의 원리' 라고 말하고 있습니다.

반성의 원리 — 자신의 잘못을 깨닫고 과거의 죄를 지운다

세 번째는 '반성의 원리' 를 이야기하고 있습니다.

이것은 기독교에서는 충분히 설해지지 않았다고 생각되는데, 가톨릭의 교회 등을 보면 참회하는 방이 있어서 자신이 저지른 죄를 개인적으로 참회하여 용서를 구하는 의식이 있습니다.

한편 행복의 과학에서는 '불법진리에 비추어 스스로 자신의 사고방식이나 생각한 것, 행한 것, 말한 것이 과연 옳았는지, 옳지 않았는지를 매일 생각하고 반성하라' 라는 가르침을 설하고 있습니다. 이 반성은 여러분을 괴롭히기 위한 것이 아닙니다. 여러분을 행복하게 하기 위한 것입니다.

이것은 무슨 뜻일까요?

겉으로는 보이지 않을지도 모르지만, 여러분의 마음속에는 인생에서 경험한 것, 생각한 것이나 행한 것이 모두 기록으로 남아 있습니다. 그리고 이 지상을 떠나 저 세상으로 돌아갈 때 영화관에서 상영되는 영화처럼 여러분은 자신의 일생을 보게 되는 것입니다.

그때 여러분을 지도했던 사람, 여러분의 돌아가신 부모나 친구, 선생님이었던 분들이 모여서 여러분의 인생을 1시간이나 2시간 정도의 길이로 단축된 것을 보게 됩니다. 저 세상에서 그 영화를 여러분 자신과 다른 사람들도 같이 보게 되는 것입니다. 그리고 그 영화를 끝까지 다 본 다음에 여러분은 '자신의 인생은 옳았는가, 틀렸는가? 성공했는가, 실패했는가?'를 스스로 판단할 수 있게 됩니다. 또 다른 사람들의 반응을 보고도 그것을 알게 되는 것입니다.

그 후, 여러분은 '천국에 갈 것인가, 지옥에 갈 것인가?'를 스스로 정하게 됩니다. 자신에게 맞는 코스를 선택하게 됩니다. 천국에는 여러 가지 길이 있는데, 지옥계에도 여러 가지 길이 있습니다. 자신의 혼수행에 가장 적합한 곳에 가게 되는 것입니다.

예를 들어 이유도 없이, 정의나 법률에 의해서가 아닌, 개인의 감정에 바탕을 두고 남의 생명을 빼앗거나, 폭력을 가하거나 해서 다른 사람을 해친 사람은 당연히 내세에서도 반성의 길이 기다리고 있으며 똑같은 잘못을 저지른 사람들이 모여 있는 세계로 가게 됩니다.

그리고 자신과 비슷한 사람들을 보고 그들과 함께 생활하면서 거울을 보는 것처럼 다른 사람들의 모습 속에서 자신의 모습을 보게 됩니다. 자신과 똑같이 권총으로 많은 사람들을 죽인 사람들과 함께 생활하고 있으면, 다른 사람들의 모습을 보아도 거울을 보는 것처럼 자신의 보기 흉한 곳이 확실하게 보이게 되는 것입니다. 이와 같이 내세에서는 그 사람의 혼(魂)의 경향 중에서 가장 강하게 나타나는 것과 똑같은 경향을 가진 사람들이 모여 있는 세계로 가게 됩니다.

따라서 내가 여러분에게 '살아 있는 동안에 불법진리에 바탕을 두고 반성을 하세요' 라고 말하는 것은 바꾸어서 말하자면 '구원의 원리' 입니다. 죽은 후에 저 세상에 가서 지옥에 떨어지고 난 후에 반성하는 것이 아니라, 지금 그것을 스스로 불법진리에 비추어 보고 반성함으로써 스스로 자신을 구할 수 있는 것입니다.

그리고 그 방향으로 노력하는 사람에게는 천상계의 여래나 보살, 천사들도 구원의 손길을 내밀어 줍니다. 구원의 빛이 내려오는 것입니다. 스스로 노력하여 자신을 바꾸려고 하는 사람에게는 천상계의 여러 영들도 구원의 손길을 내밀어 주는 것입니다. 그런 노력을 전혀 하지 않았는데도 갑작스럽게 구제되는 일은 좀처럼 없습니다. 그것을 알아주십시오. 본인 자신이 자각하지 않으면 안 됩니다.

많은 종교에는 그 가르침을 쉽게 퍼뜨리기 위해 쉽게 구제되는 것 같은 가르침을 설하는 곳도 많은데, '비록 크기는 작을지 모르겠지만 각자가 자신의 본래 있어야 할 모습을 깨닫는다' 라는 것이 중요합니다.

이것이 반성의 가르침입니다. 이것은 '스스로 사신을 구한다' 라는 것입니다. 그리고 반성을 함으로써 과거에 저지른 죄가 사라지는 것입니다. 죄는 그리스도를 믿는 것에 의해서만 사라지는 것이 아니라, 스스로 자신의 잘못을 알아차리고 반성함으로써 지울 수 있습니다. 마음속의 기록이 바뀌어 가는 것입니다.

저 세상에 돌아간 다음 영화로 상영되는 자신의 인생 드라마를 볼 때 자신이 저지른 잘못을 반성하는 장면이 비쳐질 것입니다. 그 장면이 비쳐질 때, 그것을 보던 다른 사람들이 '드디어 알아차렸구나? 잘했어' 라며 박수를 쳐주게 됩니다.

이것이 '반성의 원리' 입니다.

 발전의 원리 ─ 유토피아 건설을 위해서 살아간다

마지막으로 사정도의 네 번째로 '발전의 원리' 가 있습니다.

이것은 '자기 한 사람의 깨달음, 자기 한 사람의 행복에 그치지 않고 세상 사람들, 자신과 똑같은 사회나 나라에 살고 있는 사람들, 또 다른 나라에 살고 있는 사람들의 행복을 위해서 여러 가지로 노력을 하라' 라는 가르침입니다.

다시 말해서 '이 지상에 불국토(佛國土) 유토피아를 건설하기 위해 조금이라도 노력하라. 이와 같이 적극적이고 건설적인, 꿈이 있는 사고방식을 가지고 살아라' 라는 가르침이 '발전의 원리' 입니다.

'사정도'는 전 세계에 공통된 가르침

　'사랑', '지', '반성', '발전'이라는 네 가지 가르침을 지키며 살아가는 한, 여러분은 반드시 천상계로 돌아갈 수 있습니다. 이것은 어떤 타력에 의해 구제되는 것이 아니라 스스로 천상계로 돌아갈 수 있게 되는 것입니다. 이 '사정도'를 항상 마음에 품고 나날이 살아 주셨으면 합니다.

　항상 '본래의 세계가 자신을 맞아들이는 것이다' 라고 생각하며 신의 눈, 부처의 눈으로 세상을 바라보는 것이 중요합니다.

　인간은 이렇게 해서 자신을 바꾸고, 자신을 만들고, 자신의 미래를 밝게 바꾸어 갈 수 있기 때문에 신의 자녀이며, 부처의 자녀라고 말해지는 것입니다. 이것을 '신성(神性)'이나 '불성(佛性)'이라고도 말합니다.

따라서 나는 '여러분 마음속에 현재, 악한 것이나 어둠이 있다고 하더라도, 여러분 마음속에는 신의 자녀, 부처의 자녀로서의 자각이 있기 때문에, 그것이 눈을 뜰 때에는 스스로 자신을 구하는 힘이 나오는 것이다'라고 가르치고 싶습니다. 그리고 '그 자각을 촉진시키는 것이 나의 일이기도 하다'라고 말하고 싶습니다.

악령에게 빙의(憑依)된 사람이 이것을 깨달음으로써 그 악령이 떠나 병이 낫는 일도 있습니다. 내가 그 병을 치료하는 것도 아니고 악령을 떼어내는 것도 아닙니다. 여러분 자신이 자신의 마음을 비추어 봄으로써 악한 것을 자신으로부터 내쫓을 수 있는 것입니다. 여러분 한 사람 한 사람이 '자신을 구하는 힘'을 가지고 있습니다. 이것을 강하게 믿어 주셨으면 합니다.

오늘은 행복의 과학에서 추구하는 기본적인 가르침으로서 '올바른 마음의 탐구'와 그 구체적인 방법인 '사정도', 다시 말해서 '사랑', '지', '반성', '발전'의 네 가지 원리에 관한 이야기를 했습니다.

　최소한의 가르침을 손에 넣고자 하면, 이것을 집약해서 가르침을 추구하십시오. 이 가르침을 다른 사람에게 전하면 행복의 과학이 하려고 하는 최소한의 것은 전해집니다. 그런 의미에서 이것은 기본적이면서도 중요한 가르침이며, 전 세계에 공통되는 가르침이라고 생각하고 있습니다.

제5장

사랑과 천사의 활동
(On Love and the Work of Angels)

구세주로서의 불석신명의 각오

 신의 마음, 천사의 마음이 무엇인지 이해해
주길 바란다

일주일 전에 브라질에 온 후로 5회째 설법입니다. 일본을
떠날 때에는 3번 정도를 예정하고 있었는데 5번으로 늘어났습
니다. 이것은 브라실에 계시는 여러분의 신앙의 결실이라고
생각하며 진심으로 감사하고 있습니다. 정말 고맙습니다.

이번에는 5회 연속 설법의 마지막 회로 외부의 넓은 장소에
서 많은 분들에게 사랑에 관한 이야기를 하게 되었습니다. '사
랑'을 주제로 한 이유는 브라질이라는 나라에는 가톨릭 신앙

을 가진 사람이 총인구의 80퍼센트나 되기 때문에 마지막회 법화의 주제로는 '사랑'이 제일 적합하다고 생각했습니다.

　오늘 여러분에게 이야기하려는 것을 간단히 말하면 '신의 마음, 천사의 마음은 무엇인가?'라는 것입니다. 그것을 이 세상의 눈이 아니라 천상계의 눈으로써 보고 '신의 마음, 천사의 마음'을 여러분께서 조금이나마 알아주셨으면 합니다.

나는 천상계의 모든 빛과 지혜, 사랑을 대변하는 존재다

　오늘은 이곳에 오기 전에, 지금부터 23년 전인 1987년에 내가 행하였던 '사랑의 원리'라는 제목의 강연 DVD를 보았습니다. 거기에서 나는 이미 '이 유토피아 활동은 20년 후에는 바다를 넘어서 세계 각지에 퍼져 갈 것입니다. 반드시 그렇게 될 것입니다. 게다가 종교적 사상을 초월하고 그 외의 것도 포함하여 큰 물결이 되어 갈 것입니다'라는 말을 하고 있었습니다.

　당시 나는 31살로 도쿄에 있는 1,000명 정도가 모인 회장에서 이야기를 한 것입니다. 지금부터 23년 전의 설법인데, 현 시점에서 보아도 '장래에 일어나야 할 것'에 대해 정확히 이야기를 하고 있었다고 생각됩니다.

브라질은 일본에서는 지구 반대편에 해당합니다. 나는 제자들에게 '땅 끝까지라도 전도하라'라고 말하고 있는데 나 자신도 세상 끝까지 다니면서 전도할 생각으로 있습니다.

일본어로는 신명을 아끼지 않는 것을 '불석신명(不惜身命)'이라고 말하는데 나는 언제 죽어도 좋다는 각오로 이 일을 계속하고 있습니다. 조금 과장된 말투가 되는 것을 양해하시기 바라면서, 이번에 브라질에 올 때에도 나는 '브라질에서 죽어도 좋다'라고 생각하고 왔습니다. 그래서 여기에 도착한 당일부터 설법을 시작했습니다. 이것이 나의 마음입니다.

나는 천상계의 모든 '빛과 지혜와 사랑'을 대변하는 존재입니다. 내가 이 지상에 내려올 수 있는 것은 몇천 년에 한 번입니다. 따라서 그 기회를 놓치고 싶지 않습니다. 한 사람이라도 더 많은 사람들에게 진리의 말을 전하고 싶습니다.

지금으로부터 2000년 전이나 3000년 전, 4000년 전이라면 교통이 발달하지 않았으므로 전도(傳道)에 고생이 많았습니다. 하지만 지금은 어디라도 가고자 하면 갈 수 있는 시대가 되었습니다. 매우 고마운 시대입니다.

'살아 있는 동안에 브라질에 계신 여러분에게 직접 이야기를 할 수 있는 기회를 얻었다'는 것은 더할 나위 없이 영광스러운 일이라고 여기고 있습니다.

 ## 브라질 활동에 대하여

브라질에 계신 여러분에게 일본은 지구 반대편의 나라이며, 여러분이 사용하는 세계지도에서는 아마 가장자리 쪽에 있는 잘 보이지 않는 작은 섬일 것입니다. 거기서 설해지고 있는 가르침을 지구 반대편에서 믿는다는 것은 대단히 어려운 일일 것입니다. 그것을 생각하니 저절로 고개가 숙여집니다.

나의 저서는 브라질에서는 아직 10권 정도 밖에 번역되지 않았습니다. 최근 1년 동안 일본에서 발간된 저서는 서점에서 판매된 것만으로도 50권을 넘었습니다. 이렇게 많은 수의 책이 일본에서 차례로 출간되고 있음에도 불구하고 언어의 차이로 인해 그것이 여러분에게 이르기까지는 대단한 시간이 걸립니다.

그 얼마 안 되는 가르침 속에서도 내가 말하려고 하는 본질을 파악하고 재빨리 신앙의 길에 들어와 주신 여러분에게 진심으로 감사하고 있습니다. 또 행복의 과학 신앙을 가진 사람이 있는 나라는 현재 전 세계에서 칠십여 개국이 있는데 그 가운데에서도 브라질에서는 눈에 띄는 활동이 행하여지고 있습니다.

나는 '브라질에서 최초로 행복의 과학에 모인 리더들은 대단히 뛰어난 혼의 소유자다'라고 믿고 있습니다. 그와 동시에 '이 나라에는 아직 종교를 긍정적으로 이해하는, 마음이 깨끗한 사람들이 많이 살고 있다'는 것을 확신했습니다.

내가 살고 있는 일본은 이 세상적인 측면에서는 상당히 발전해서 과학기술이나 경제, 정치, 기타 매스컴 등의 여러 가지 방면에서 진보하고 있지만, 유감스럽게도 종교적인 면, 신앙적인 면에서는 상당히 뒤처져 있습니다. 여러분의 순수한 신앙심을 꼭 일본 사람들에게 전하고 싶습니다.

다만 내가 종교가로서 이 상파울루에 와서 일주일 동안에 느낀 것을 솔직하게 말하면 '이 나라는 종교를 존중하는 나라이지만 아직 그 종교는 완전한 것이 아니다'라는 것입니다. 또 신앙 중에도 정말로 사람들을 행복하게 하는 것은 거의 없다고 느껴집니다.

특히 내가 강하게 느끼고 있는 것은 오늘 연제와도 관계되는데 사랑의 문제입니다. 이에 대하여 깊게 이야기를 해 보고 싶습니다.

질투는 자기의 이상상을 부정하는 마음

 사랑의 반대편에 있는 것은 '질투심'이다

사랑의 반대편에 있는 것은 무엇일까요?

통상 '사랑의 반대편에 있는 것은 증오다'라고 말해지는 경우가 많을 것입니다. 그렇지만 나는 '사랑의 반대편에 있는 것은, 사실은 증오가 아니라 질투다'라고 느끼고 있습니다.

예를 들어 가정이 붕괴되는 경우를 보면 증오에 의해 붕괴되는 것이 아니라 질투에 의해 붕괴되는 일이 많습니다. 또 인간관계가 깨지는 경우를 보아도 증오에 의해 깨지는 것이 아니라 질투에 의해 깨지는 일이 많습니다.

브라질은 도시만 보면 대단한 발전을 한 것처럼 보이지만 아직 빈부격차가 심하여 '가난한 사람들을 어떻게 구제할 것인가?' 라는 것이 정치적 큰 과제라고 들었습니다. 아마 이것은 해결하기 어려운 일일 것입니다.

하지만 나는 여러분에게 말하고 싶습니다. 이것은 근본에 영향을 미치는 것입니다.

사랑의 반대편에 있는 것은 질투입니다.

따라서 '질투의 가장 위험한 점, 가장 인정받지 못하는 점은 무엇인가?' 를 말해 두고 싶습니다. 지금 여기서 질투의 이야기를 하는 것은 브라질에 와서 설법과 질의응답을 하면서 질투의 문제로 고생하는 사람이 많다는 것을 알았기 때문입니다.

 질투를 느끼는 상대방에게 축복해주는 마음을 가진다

인간은 아무에게나 질투를 하는 것은 아닙니다. 인간은 자신이 가장 강한 관심을 가진 방면에서 우수한 사람에게 질투심을 느끼는 것입니다.

예를 들어 여러분이 '축구 선수가 되고 싶다' 라고 강하게 바라고 있으면 자신보다 축구를 잘 하는 사람을 보면 질투를 느낍니다. 그렇지만 '축구 선수가 되고 싶다' 고 바라는 사람이 유도 선수를 보고 질투하는 일은 거의 없습니다. 똑같이 '부자가 되고 싶다' 고 강하게 바라고 있으면 부자는 질투 대상이 될 것이고, '이성으로부터 사랑 받고 싶다' 고 강하게 바라고 있으면 이성으로부터 사랑 받는 사람을 질투하게 될 것입니다.

이와 같이 첫 번째 단계로서 '사랑의 반대편에 있는 질투는, 사실은 자신이 그와 같은 모습이 되고 싶다는 이상상을 파괴하려고 하는 마음의 작용이다' 라는 것을 알아야만 합니다.

사실 표면의식은 실현을 바라고 있음에도 불구하고 목표가 되어야 할 방향에 있는 사람에 대해 질투를 함으로써 여러분은 그 방향으로 나아갈 수 없게 되는 것입니다. 왜냐하면 질투를 하게 되면 그 대상을 비판하고 욕을 하고 그 사람의 결점을 지적하기 때문입니다. 이것은 중요한 사실입니다. 여러분이 마음에서 느끼는 질투가 '사실은 이 사람처럼 되고 싶다' 고 바라는 사람에 대한 것임을 순수하게 인정할 수 있다면 질투심을 억제하고 축복해주는 마음을 가져야 합니다.

축복의 마음은 '긍정하는 마음'입니다. '이렇게 되고 싶다' 고 바라는 마음입니다. 축복의 마음은 '다른 사람의 행복을 바라는 마음'입니다. 그 마음을 가지고 있으면 여러분은 자신이 축복하는 사람과 같은 방향으로 인생을 걸어가게 되는 것입니다.

예를 들어 여러분이 공부에 관심이 많은 사람이라고 합시다. 그리고 공부를 잘 하는 사람에 대하여 질투심을 느꼈다고 해도 노골적으로 질투하고 그 사람을 나쁘게 말하는 것이 아니라 그 사람에 대하여 '아주 열심히 하시네요. 당신은 훌륭해요'라는 말을 할 수 있게 됐을 때 여러분은 그 사람이 있는 방향을 향해 한 걸음, 두 걸음 가까이 다가가게 되는 것입니다.

'질투는 실제로는 자신의 이상상을 부정하는 것이다'라는 것을 제대로 알아주셨으면 합니다.

또 질투가 가장 나타나기 쉬운 것은 돈에 관한 것입니다. 유복한 사람을 보면 질투심이 솟아납니다. 그 질투심이 더 증폭되면 증오가 되어 갑니다. 증오가 더 증폭되면 공격적으로 변해 갑니다. 그리고 범죄가 발생하는 것입니다. 그렇지만 '자기실현을 할 수 없다고 해서 반사회적 행위나 파괴 활동을 하는 것은, 그것에 의해 자신의 꿈을 때려 부수고 있다'는 것을 알아야만 합니다.

부자와 친구가 되고 싶다면 축복의 마음을 가져야 합니다. 그들을 축복하고 '그들처럼 되고 싶다'는 마음을 가질 때 그 유복한 사람들은 마음을 열어 줍니다. 그리고 가난한 사람들의 친구가 되어 줍니다. 나아가서 '어떻게 하면 경제적으로 성공할 것인가?'를 가르쳐 주기도 합니다.

사람은 '자신을 축복해 주는 사람과 친구가 되고 싶다'고 하는 성향을 가지고 있습니다. 그것을 잊어서는 안 됩니다.

'좋은 세상을 만들고 싶다'고 바란다면 불행한 사람을 늘리는 것이 아니라 '행복한 사람을 늘리자'라는 마음을 소중하게 길러 가지 않으면 안 됩니다. 우선 그것을 알아두십시오.

지옥령이 빙의하는 원인

 루시펠이 지옥에 떨어진 이유

지금부터 아득한 옛날에 7대 천사 중의 한 명으로 '지천사 (智天使)' 라고 불렸던 '루시펠' 이라는 천사가 지옥계에 떨어져서 악마가 되었습니다.

그것은 신에 대한 질투가 원인이라고 말해지고 있습니다. 그 타락한 천사는 원래는 반짝반짝 빛나는, 풍부한 지혜를 가진 아름다운 천사였습니다. 하지만 스스로 신이 될 수 없다는 이유로 신을 향한 질투를 억제할 수 없었습니다.

그는 지상에 태어나 '사탄' 이라는 이름으로 인생을 보냈는데 그때 권력욕이나 물질욕, 지배욕, 다른 사람에 대한 공격으로 마음을 시커멓게 만들어 천상계로 돌아갈 수 없게 되고 말았습니다.

천사가 최초로 지옥에 떨어진 원인은 '질투' 였습니다.

그 타락한 천사에게 신은 이상상(理想像)이었을 것입니다. 그는 신처럼 되고 싶었습니다. 그러면 신에게 질투할 것이 아니라 신이 가지고 있는 다양한 성질·소망·활동 등을 배워서 흉내를 내고 그 방향으로 자신의 이상상을 그려 나가야 했을 것입니다.

하지만 루시펠은 질투에 의해 지옥에 떨어졌습니다. 게다가 단순히 지옥에 떨어져 자기 혼자 괴로워하는 것으로 그치지 않았습니다. 그 당시 인간으로서 살다가 악을 저지른 자들이 얕은 지옥계를 만들기 시작하고 있었는데, 지옥에 떨어진 천사 루시펠은 사탄, 악마로서 지옥계에 내려가 천상계를 향해 싸움을 걸기 시작한 것입니다.

이 싸움은 무엇입니까? 그들은 천상계에 있는 인령(人靈)에 대해 손을 댈 수는 없습니다. 하지만 그들은 '인간이 지상에 살아 있는 동안에는 천상계보다 지옥계를 닮은 파동, 파장을 내고 있다' 는 것을 알아차렸던 것입니다.

그 때문에 지옥계의 파동, 파장을 가지고 사는 인간을 찾아서는 그런 인간에게 여러 가지 악령을 차례로 들러 쓰이게 해서 파멸적인 인생을 보내게 만들고, 그 사람이 죽으면 지옥계로 끌고 들어갔습니다. 이렇게 해서 지옥계의 인구를 차츰 늘려 갔던 것입니다.

 질투심은 지옥령을 불러온다

지옥이라는 세계는 대단히 엄하고 괴로운 곳입니다. 그리고 어두운 곳입니다. 결코 즐겁고 밝은 세계가 아닙니다.

지옥령들은 조금이라도 그 괴로움에서부터 벗어나 편하게 지내기 위해 이 지상계에 나와 자신과 똑같은 성향을 가진 인간, 자신과 똑같은 증오나 노여움, 질투의 마음 등을 가진 인간에게 들러 쓰입니다. 그렇게 하는 동안에 그들은 인간으로서 살아 있는 것과 같은 기분을 느낄 수 있습니다. 그것을 목적으로 그들은 지상에 나와 인간에게 빙의하여 사람들을 삐뚤어지게 만들어 가는 것입니다.

여러분의 마음속에도 다른 사람의 불행을 보고 기뻐하는 마음이 조금은 있을지도 모릅니다. 완전히 없다고는 못할 것입니다. 다른 사람들의 불행이나 실패를 보고 그것을 기뻐하는 느낌, 안심하는 느낌이 반드시 있을 것입니다. 그것이 사실은 지옥령과의 접점입니다. '다른 사람의 불행이나 실패를 보고 기뻐하는 마음'에 사다리를 걸고 지옥에서부터 기어 올라오는 자가 있습니다.

악령이 들러 쓰이게 되면, 어떤 날에는 여러 가지 병을 일으키고, 어떤 날에는 인간관계를 부조화하게 만들고, 어떤 날에는 회사 사업 등을 파멸적인 상태로 빠뜨리고, 어떤 날에는 사기꾼과 같은 인간을 믿게 만들어서 자신의 파멸을 초래합니다. 또 가정 안에 악령이 파고 들어가면 가정 내에서 불화가 일어나게 되는 것입니다.

그 출발점은 다른 사람에 대한 질투심이나 실패를 보고 기뻐하면서 조금이라도 자신의 불행이 줄어든 것 같이 느끼는 마음입니다. 이런 한심한 마음이 지옥령을 불러들이고 있는 것입니다.

항상 마음을 신에게 향하라

 천사들은 나날이 활동하고 있다

여러분에게 걸쳐놓은 지옥령의 사다리를 잘라서 떼어내는 것은 그다지 어렵지 않습니다.

그것은 다른 사람의 실패를 같이 슬퍼하고 '다른 사람을 돕고 싶다' 라는 마음을 가질 것, 즉 자비의 마음입니다. 또 다른 사람의 성공이나 행복을 보면 그것을 축복하고자 하는 마음을 가지는 일입니다. 이런 마음을 가짐으로써 지옥계의 악령들은 여러분에게 들러 씌울 수 없게 되는 것입니다.

악령이 들러 쓰이면 언제나 몸이 무겁고 기분이 좋지 않습니다. 항상 그런 것에 들러 쓰여 있으면 우울증의 상태가 계속되어 인생 전체가 어두워집니다. 미래가 캄캄하고 장래가 불투명해지고 모든 일을 부정적으로 받아들이게 됩니다. 날마다 여러 가지 일이 일어나지만, 나쁜 일에는 심하게 반응하고 좋은 일에는 조금밖에 반응하지 않는 사람이 되어 가는 것입니다.

어떻게 해서라도 이 악순환을 차단하지 않으면 안 됩니다. 그것을 위해서는 마음을 지옥에 떨어진 악마 쪽이 아닌 신의 방향으로 향해야 합니다. 마음을 늘 신의 방향을 향해, 천사들의 활동으로 향하는 것이 중요합니다.

신앙 인구가 많은 브라질이라도 신이나 천사의 모습을 실제로 본 사람은 얼마 안 될 것입니다.

그렇지만 천사들은 밤낮없이 활동하고 있습니다. 수많은 사람들을 도우려 하고 있습니다. 악령에게 빙의된 사람에게 선한 마음을 가르치고 악령을 떼어놓으려고 노력하고 있습니다. 올바른 신앙에 들어가도록 인도하고 있습니다. 그리고 이러한 사람들을 이끌 수 있는 사람을 친구가 되게 하려고 열심히 노력하고 있습니다. 천사들은 여러분을 위해 밤낮없이 노력하고 있습니다.

하지만 여러분은 천사의 모습을 눈으로 직접 보는 일은 거의 없을 것입니다. '천사의 활동을 볼 수 없다'는 것은 '천사들은 매일 사람들을 구하는 활동을 하고 있지만 사람들로부터 감사 받는 일은 없다'는 것을 뜻합니다. 그것은 눈에 보이지 않는 활동이기 때문입니다.

이와 같이 '눈에 보이지 않는 선의'가 여러분을 감싸고 구하려고 하고 있는데, 여러분이 알아차릴 수 있는 기회는 적습니다. 여러분은 가끔 꿈속에서 천사의 모습을 보거나 천사의 목소리를 듣는 일이 있을 것입니다. 종교수행 속에서도 그런 순간이 가끔 있습니다. 다만 천사들의 활동은 99% 이상 여러분에게 감사 받는 일도 없고 알려지는 일도 없습니다.

하지만 부디 신앙을 갖고 신이나 천사에 대해 감사의 마음을 가져 주셨으면 합니다.

 어떤 악마도 신에게 이길 수 없다

지옥계가 생겨 악마가 신에게 계속 싸움을 걸고 있는데, 악마의 영역은 이 지상계까지 밖에 달하지 않았습니다.

이 세상 사람들은 '천국과 지옥', '신과 악마'라는 형태로 마치 길항(拮抗)하는 세력처럼 비교하는 경향이 있는데, 나의 저서 《태양의 법》이나 《영원의 법》등에 쓰인 것처럼 실제 세계는 그렇게 분리되지 않았습니다. 저 세상의 세계는 천상계가 압도적으로 큰 세계이며 지옥계는 이 지상에 관계된 세계에 지나지 않습니다.

강으로 비유하면, 큰 강의 하류는 바다와 접하고 있어서, 바닷물과 맹물이 섞인 곳이 지옥계이며 그 강의 상류가 천상계입니다. 그 힘의 차이는 압도적인 것입니다. 신에 대항할 수 있는 악마 따위는 존재하지 않습니다. 우선 그것을 강하게 믿고 알아주셨으면 싶습니다.

신과 악마는 대등하지 않습니다. 또 천상계와 지옥계도 대등한 세계가 아닙니다. '지상에 영향을 미치는 그저 일부분의 세계, 지상의 악과 관련되는 일부분의 영계만이 지옥계로서 존재하고 있다'라는 것을 잊지 않으셨으면 합니다.

어떤 악마도 신을 이길 수는 없습니다. 왜냐하면 신은 빛이기 때문입니다. 신은 압도적인 빛입니다. 빛을 이길 수 있는 어둠은 없습니다. 어둠은 빛이 비치지 않는 곳에만 존재하는 것입니다. 어둠은 실제로 존재하지 않습니다. 빛이 비치면 어둠은 사라지는 것입니다.

어둠을 '실제로 존재한다'고 생각하는 것은 잘못되었습니다. 눈의 착각입니다. 그것은 '빛이 닿지 않은 부분이 있다'라는 것뿐입니다. 빛을 방해하는 것이 있으면 그것을 제거하는 것이 중요합니다. 빛을 방해하는 것을 제거하는 일이야말로 신앙이고 종교수행이며, 정진입니다.

모든 악은 빛을 이길 수 없습니다. 빛을 이길 수 있는 악은 이 세상에 존재하지 않습니다.

예를 들어 태양의 빛은 아주 강합니다. 태양의 빛을 이길 수 있는 것은 없습니다. 하지만 그 태양의 빛도 손으로 가리면 간단히 그림자가 생깁니다. 얇은 보드지 1장으로도 태양의 빛을 가릴 수는 있습니다. 다만 그것에 의해 만들어진 그림자는 결코 태양의 빛과 똑같은 힘을 가진 것이 아닙니다. 그것을 알아주십시오.

이것이 신앙에서의 용기입니다. '신에게 대항하는, 신에게 싸움을 걸어서 이길 수 있는 악마 따위는 이 지구상에 존재하지 않는다'라는 사실을 강하게 알아주셨으면 합니다.

 정의도 '신의 사랑'의 일부이다

신은 70억 명의 지구 인류를 구하기 위해 천사들이 매일같이 쉬지 않고 열심히 일하기를 바라고 있습니다. 천사들은 밤낮없이 일하고 있습니다.

낮과 밤이 나뉜 것은 이 지상세계뿐입니다. 천상계에는 밤이 없고 천상계의 영은 잠을 자지 않습니다. 천사들은 24시간, 365일 계속해서 일하고 있습니다.

이와 같이 수많은 천사들이 신의 심복이 되어 이 세상의 불행을 줄이기 위해 매일 노력하고 있습니다. 불행한 사람들, 슬픔 속에 있는 사람들을 위로하고 있습니다. 또 천사들은 '사람들을 불행하게 하고 어둠의 세계로 데리고 가려고 하는 사람들'을 엄하게 지도하고 있습니다.

모든 것을 다 받아주는 것만이 사랑이 아닙니다. 사랑 속에는 부드러움이 있고 부드러운 사랑이 기본입니다. 하지만 잘못을 '잘못이다'라고 잡아주는 것 또한 사랑입니다. 즉 '정의'라는 이름으로 불리는 것도 사랑의 일부입니다. 신의 사랑이 이 지상에 실현될 때 '정의'라는 이름으로 불리는 일도 있습니다.

또 적절한 지도자를 선택하는 것도 중요합니다. 적절한 지도자는 때로는 여러분을 엄한 말로 지도하기도 할 것입니다. 이 모든 것이 여러분을 나쁜 길, 슬픔의 길로부터 멀리하여 행복의 길, 선의 길로 권유하고 싶기 때문입니다.

'사랑 속에는 지도자로서의 사랑, 다시 말해서 어느 정도의 엄격함도 포함하여 사람들을 지도하고자 하는 지혜를 포함한 사랑도 있다' 는 것을 알아주셨으면 합니다.

이 지상에서 천사로서의 활동을 하라

나는 '사랑의 반대편에 있는 것은 증오가 아니고 질투다. 사실은 이것이 7대 천사 중 하나인 루시펠이 지옥계에 떨어진 이유이기도 하다. 다시 말해서 지옥계가 확대해 간 가장 큰 이유는 질투에 있다' 라고 말했습니다.

질투 속에는 분명히 '미움과 증오' 도 포함되어 있을 것입니다. 미움과 증오는 타인에 대한 파괴적 활동이나 눈에 보이는 악한 행위로서 나타나는 일도 있을 것입니다.

여기서 나는 지금 여러분에게 말하고 싶습니다.

일찍이 예수는 '도대체 몇 번이나 사람을 용서해야 합니

까? 7번 정도면 됩니까?' 라는 제자의 질문에, '7의 70번 용서
하라' 라고 말했습니다. '7의 70번' 이란 490번을 말합니다.

여러분에게도 미운 사람이 있을 것입니다. 싫은 사람이 있
을 것입니다. 그 사람을 490번 용서한 적이 있습니까? 없을
것입니다.

하지만 나는 그 이상의 것을 말하겠습니다.

증오에 대하여 사랑으로 대하라.
증오를 '사랑이라는 큰 강물에 흘려보내라.'

압도적인 선념(善念)과 사랑으로 증오나 노여움, 질투를 흘
려보내시길 바랍니다. 이것이 이 나라가 희망에 찬 미래를 맞
이하기 위한 조건이 될 것입니다.

진정한 사랑은 희망을 가지고 옵니다. 진정한 희망은 번영
을 가지고 옵니다. 진정한 번영은 여러분에게 진정한 자유를
가져다줍니다. 진정한 자유는 여러분에게 '진리란 무엇인가?'
를 100퍼센트 확실하게 가르쳐 줄 것입니다.

여러분은 진리의 자녀이기를 바란다.

여러분은 희망의 자녀이기를 바란다.

여러분은 번영의 자녀이기를 바란다.

여러분은 선의 자녀이기를 바란다.

그리고 무엇보다도 여러분은 신의 자녀이기를 바란다.

그렇게 나는 강하고 강하게 바라는 바입니다.

그리고 신의 자녀인 여러분이 목표로 삼아야 할 길은 무엇일까요?

여러분도 또 천사의 한 명으로서 이 지상을 정화하기 위해, 이 지상을 유토피아로 만들기 위해 나날의 노력을 아끼지 않기를 바랍니다.

나는 아득히 먼 2만 킬로미터를 넘어서 브라질에 와서 5번의 설법을 했습니다. 이것이 최후의 설법, 마지막 회의 설법입니다.

부디 잘 들어 주십시오.

내가 여기에 온 것은 여러분이 천사가 되어 주었으면 하기 때문입니다. 여러분도 이 지상에서 천사의 활동을 해주셨으면 합니다. 이 지상에서 한 활동은 영계에서 하는 수행에 10배 이상에 해당합니다.

지상에 있는 인간은 천상계를 볼 수도, 신의 모습을 볼 수도, 지옥계를 볼 수도 없습니다. 그렇게 사실은 볼 수 없는 세계를 오로지 신앙으로 인해 알고, 신을 향한 길을 걷는 여러분이야말로 나날의 정진 속에서 천사가 되어 주셨으면 하는 존재입니다.

부디 그 방향에서 나날이 지혜를 닦고 노력하며 정진해 주실 것을 진심으로 소망하여 마지 않습니다.

Muito obrigado. 〔무이트 오브리가드 (진심으로 감사합니다)〕

제6장

질의응답
(Q&A)

거짓 그리스도에 대하여

질문 〈신약성서〉에는 '거짓 그리스도'(반 그리스도)가 사람들을 혼란시킨다는 내용이 씌어 있는데 이 '거짓 그리스도'란 무엇입니까?

'거짓 그리스도'에 대한 의견은 여러 가지가 있지만 기독교 2000년의 역사를 돌아보면 초기의 가르침을 지키기 위해서 자기들의 생각과 맞지 않는 의견을 거짓 그리스도라고 정의하는 것이 편했을 것입니다.

하지만 시대가 바뀌면 당연히 사람을 구하는 방법도 바뀌어야 합니다. 예수 이후에도 새로운 종교가 출현했는데 그 종교들이 모두 그리스도의 사고방식에 어긋난다고는 생각되지 않습니다.

예를 들어 기독교에서는 여러 가지 영계사상이 나왔는데

그것들은 모조리 이단사상으로서 배제되었습니다.

하지만 생전의 예수는 영적인 이야기도 많이 했습니다. 그것은 지금 남아 있는 〈성서〉 속 여러 곳에 나와 있습니다. 예를 들어 예수가 악령을 내쫓은 사실이 여러 곳에 기술(記述)되어 있습니다. 또 예수는 '내 앞에 엘리야가 이미 와 있다'라고 말했습니다. 이것은 '세례자 요한이 유태의 예언자 엘리야가 환생한 것과 같은 입장에서 나왔다' 라는 것을 말하고 있습니다.

〈성서〉에 남아 있는 예수의 말에서 보면 영적인 능력이나 '저 세상에서 이 세상으로 태어난다' 라는 사상을 엿볼 수 있는데 교회가 〈성서〉를 편집하는 과정에서 상당부분을 정리한 것이라고 생각됩니다.

기독교의 역사에는 확실히 이단적인 것도 있었다고는 생각되지만 다른 세계종교 속에는 그것과 공통된 사상을 가진 것도 많아서 옥석혼효(玉石混淆)라고 할까, 올바른 것도 잘못된 것도 있었을 것이라고 생각됩니다.

'그 가르침이 올바른가, 잘못되었는가?' 를 판단하는 기준은 예수 자신이 말한 말 바로 그 자체 속에 있다고 나는 생각합니다. 그것은 '좋은 나무인지 아닌지는 어떤 과실을 여는지에 의해 판단하는 것 이외에 없다'라는 것입니다. 그것으로 판단하면 됩니다.

그 가르침을 믿는 사람들이 이상해져 간다면 그 가르침을 설하는 사람은 거짓 그리스도일지도 모르고, 그 가르침을 믿음으로써 사람들이 올바른 길로 가고 올바른 신앙에 들어가 번영을 향한 길로 간다면 그 과실은 좋은 것이라고 간주할 수 있을 것입니다.

이것은 종교에만 한정되는 것이 아니라 일반 기업에서도 똑같은데, 많은 사람에게 지지 받지 못하면 긍정적으로 인정받는 일은 없습니다. 최종적인 판단 기준으로서 이것보다 나은 것은 없다고 생각합니다.

육식은 옳은가? 옳지 않은가?

채식주의자가 아닌 육식주의자는 잘못된 것이 아닙니까?

'브라질 사람들 앞에서 이 질문에 대해 대답하는 것은 상당히 어색한 상황이 아닐까?' 라고 생각합니다. 브라질 사람에게 '채식주의자가 되세요' 라고 하면 금방이라도 죽어버릴 것 같은 사람이 많습니다. 브라질 사람들은 맛있는 고기를 즐겨 먹고 있다고 알고 있습니다.

근대의 철학자 데카르트 이후 서양의 종교 중에는 혼(魂)과 육체를 나누어서 생각하는 사고방식이 있습니다. 또 '혼은 인간에게만 있고 동물에게는 없다' 고 하는 사고방식이 오랫동안 계속되고 있습니다. 그 때문에 고기를 먹는 사람은 '동물에게는 혼이 깃들지 않았다' 고 생각하는 경우가 많습니다.

그런데 인도나 동양쪽에서는 '동물에게도 혼이 있다' 라는 사고방식을 가지고 있습니다. 특히 인도의 오래된 사상 중에는 '혼은 인간이나 동물의 형태로 태어난다' 라고 생각하고 있습니다.

나는 기본적으로 '인간은 인간만의 영(靈)이 따로 있다' 라고 생각하고 있는데, 인간보다 수준은 내려가지만 동물에게도 혼이 있으며 희로애락 수준의 감정을 가지고 있습니다. 그런 의미에서 '동물에게는 혼이 없기 때문에 먹어도 된다' 고 하는 사상이 옳다고 할 수 없습니다.

그러면 채식주의자라면 문제가 없는 것일까요? 실은 식물에게도 귀여운 형태의 조그마한 혼이 깃들어져 있습니다.

식물은 동물처럼 격렬하게 움직일 수는 없지만 장시간 비디오카메라로 촬영하여 그것을 고속으로 재생하면, 식물도 느리기는 하지만 움직이고 있다는 것을 알게 됩니다. 그들도 살아 있는 것입니다.

식물이어도 기쁨을 느낍니다. 예를 들어 더운 날이 계속될 때에는 비가 내리면 기뻐하고, 흐린 날이 계속될 때에는 햇빛이 비치면 기뻐합니다. 즉 기쁨이나 슬픔은 식물에게도 있는 것입니다.

다만 그런 것만을 따지자면 인간은 처음부터 동물도 식물도 먹을 수 없게 되어 살아갈 수 없게 됩니다. 그러면 신이 이 세상에 인간을 만든 의미가 없어집니다.

이렇게 된다면 암석이라도 먹을 수밖에 없습니다. 그런데 사실은 광물도 살아 있습니다. 식물보다도 움직임이 느릿느릿해서 몇천만 년, 몇억 년의 세월을 들여서 천천히 결정(結晶)을 만들고 있습니다. 그들도 사실은 기나긴 인생을 살고 있습니다.

이 세상에 있는 것은 모두 목숨을 가지고 있는 것입니다.

'어떤 것을 먹을 것인가, 먹지 않을 것인가?'는 문화에 의해 차이는 있겠지만 '채식주의자인가, 채식주의자가 아닌가?'라는 구별만으로는 충분하지 않다고 생각합니다.

지구에 사는 생물로서 인간이 최고 수준의 혼을 가지고 있는 것은 틀림없습니다. 그리고 인간은 다른 동물이나 식물을 먹습니다. 그것은 동물이나 식물에게는 딱한 일입니다. 하지만 다른 시점에서 보면 그들은 인간의 혼수행, 인생의 경험을 촉진하는 역할을 하고 있습니다. 인간의 먹이가 됨으로써 그들은 희생되지만 '인간의 혼수행을 돕고 있다'고 하는 중요한 수행을 하고 있는 것입니다.

따라서 인간이 해야 할 일은, 채식주의자든 아니든 음식을 먹을 때 그들에게 감사의 마음을 갖는 일입니다.

살생의 죄를 느낄지도 모르지만 그만큼 감사의 마음을 충분히 갖고 자신이 좋은 인생을 살아가고 좋은 일을 함으로써 답례를 하고, 그들의 고귀한 목숨을 헛되게 하면 안 됩니다. 그들의 목숨을 5배, 10배로 활용해 가는 방향으로 사용한다면 그들도 기뻐해 줄 것입니다.

나의 사고방식은 '채식주의자가 옳은가, 옳지 않은가?' 라는 것과는 거리가 있습니다.

인간이 살아가는 과정에서 여러 가지 것들이 희생되지만 그것을 고귀한 희생으로 삼고 보다 더 좋은 사회를 만들기 위해 노력함으로써 인간은 그러한 죄를 극복해 갈 수 있다고 생각하고 있습니다.

우울증의 원인과 극복법

질문 지금 브라질뿐만 아니라 전 세계에서 우울증인 사람이 많이 늘어나고 있는데 우울증에는 영적인 원인이 있습니까? 또 우울증을 극복하기 위해서는 어떻게 하면 좋습니까?

아시아 사람에게 브라질 사람들이 우울증에 걸린다는 것은 믿기 어려운 사실일 것입니다. 그것은 아마 브라질이라고 하면 정열적인 리오의 카니발을 떠올리기 때문입니다. 그 때문에 '우울증에 걸릴 리가 없다'고 생각하는데, 브라질도 여러 사람이 살고 있기 때문에 우울증에 걸리는 사람도 있을 것입니다. 특히 도시에서는 전 세계의 도시에서 볼 수 있는 일들이 똑같이 일어나고 있다고 생각됩니다.

물론 우울증의 원인은 각양각색입니다.

현대사회에서는 특히 도시에서 경쟁이 심하고 자기실현에

실패해서 성공할 수 없게 되어 실의에 빠지는 것이 원인일 수도 있습니다. 반대로 일본에서도 그렇지만 '승진 우울증'이라고 해서 예상외로 출세하여 우울증이 걸리는 사람도 있습니다. 아직 충분한 능력이 없는데도 불구하고 지위가 올라가서 우울증에 걸려 회사에 갈 수 없게 되는 사람이 있습니다. 드물기는 하지만 이런 우울증도 있습니다.

우울증인 사람은 흔하게 볼 수 있습니다. 그것을 감추기 위해 처음에는 알코올에 빠지는데, 미국이나 남미 쪽에서는 마약에 빠지는 사람도 많다고 들었습니다. 이것은 마약으로 이성을 마비시켜 기억하기 싫은 것을 잊도록 해서 자신의 자아를 지키고 싶은 욕구입니다.

우울증의 상태가 오랫동안 지속될 경우, 특히 3개월 이상 지속될 경우 악령에게 빙의(憑依) 되었다고 보아도 될 것입니다.

마음의 바늘(생각)은 시계 바늘처럼 360도 어느 방향으로라도 향할 수 있어서 천상계로도 지옥계로도 향할 수 있는데, 우울증의 상태는 마치 그것이 지옥계에 있는 한 점을 가리키고 멈춰 있는 상태입니다.

그 결과, 지옥계의 존재가 그 사람의 마음에 동통(同通)하는 것입니다. 그 때문에 헤매는 영이 와서 그 사람에게 들러 씌울 수 있게 되는 것입니다.

예를 들어 우울증으로 자살한 사람은 좀처럼 천상계에는 올라갈 수 없습니다. 통상적으로 그 사람 본래의 수명이 다할 때까지는 올라갈 수 없습니다. 그동안은 살아 있는 인간 속에서 자신과 닮은 사람을 찾아다니며, 그 사람에게 들러 씌어서 생전의 자신과 똑같은 상황을 그 사람에게도 일으키려고 합니다. 그리고 지옥의 세계에 억지로 끌어들이고자 하는 것입니다.

우울증 대책은 종교 바로 그 자체가 해야 할 일이라고 생각하지만, 의학에서 다루는 방법도 있습니다. 다만 의학은 정신을 안정시키는 약을 사용하고, 다른 사람들로부터 격리하거나 하는 것이 대부분으로 근본적인 치료는 되지 않는다고 봅니다.

그러면 근본적인 치료는 무엇입니까?

'자가발전'이라는 말이 있습니다. 발전소에서 전기를 송전시키는 것이 아니라 자신의 집에서 발전하는 것입니다. 우울증의 치료에는 이 '자가발전'이 필요합니다. 요컨대 그 사람이 자신의 마음속에서 발전기를 돌려서 발전하는 것, 그 힘을 가지는 것이 대단히 중요합니다.

따라서 '어떻게 발전기를 돌릴 것인가? 어떻게 자신 안에서 에너지를 넘쳐나게 할 것인가? 어떻게 자신을 밝은 기분으로 만들 것인가? 어떻게 자신을 반짝반짝 빛나게 할 것인가?'가 중요한 것입니다.

다른 사람에 대한 감사의 마음을 가진다

첫 번째 말해 두고 싶은 것은 '우울증 상태에 있는 사람은 다른 사람에 대한 감사의 마음을 가지고 있지 않다'는 것입니다. 우선적으로 '자신은 다른 사람들로부터 여러 가지 보살 핌을 받고 있다. 많은 사람들이 노력한 결과, 현재까지 자신의 인생이 있었다'라는 것에 대해 감사의 마음을 가지는 것부터 시작해야 합니다.

그와 같은 감사의 마음을 가짐으로써 '나는 사실은 많은 혜택을 받고 있었다'라는 것을 발견하는 것이 중요합니다. 이것이 첫 번째입니다.

'자신은 신의 자녀다'라는 마음을 굳게 가진다

두 번째 '자신은 신의 자녀다'라는 마음을 강하게 가지는 것입니다.

사실은 반성을 권하고 싶은데 우울증 상태에 있는 사람이 바로 반성을 하게 되면 자신을 괴롭히는 상황이 되어서 더 힘들어질 수도 있습니다. 그래서 반성은 좀 더 시간을 갖고 하는 것이 좋습니다. 그것보다 우선 '자신은 신의 자녀다'라는 마음을 강하게 갖는 것이 중요합니다.

'자신은 본래 신이 만드신 자녀다. 신이 만드신 빛의 자녀다'라는 강한 자각을 가지고 자신에 대한 중요성을 갖는 것이 중요합니다.

기독교의 가르침도 훌륭하다고 생각하고 가톨릭의 가르침도 좋다고는 생각합니다. 그러나 그 가르침에는 '원죄'나 '인간은 죄의 자녀다'라는 사상이 강하기 때문에 기독교 신자는 이것을 너무 정면으로 받아들여서 끝까지 밝은 면을 보지 못하는 사람도 종종 있습니다. 하지만 생각을 바꾸면 세상은 훌륭한 것으로 가득 차 있습니다.

브라질의 고속도로를 가다보니, 처음에는 더러운 쓰레기가 많이 보였지만 어느 순간 쓰레기가 없는 깨끗한 곳을 달리기 시작했습니다. 쓰레기가 쌓인 쪽을 볼 것인가? 쓰레기가 쌓이지 않은 깨끗한 도로의 앞쪽을 볼 것인가? 이와 같이 사람이 보는 방향에 의해 다른 것이 보이는 것입니다.

그러므로 '자신이 보는 것은 무엇인가?'를 생각하고 눈이 언제나 어두운 곳을 향하고 있다면 세상의 밝은 곳을 보려고 노력하는 것이 중요합니다. 이것은 마음의 방향성을 바꾸기만 해도 가능한 것입니다.

예를 들어 '자신은 시시하고 별 볼일 없는 인간이다' 라고 생각하는 사람이 많습니다. 우울증인 사람 중에는 이런 사람이 많습니다. 그런데 자신에 대하여 잘 생각해 보면 그렇지 않을 것입니다.

자신의 좋은 점에 대하여 '어떤 점이 있습니까?' 라고 다른 사람에게 물어 보면 바로 다섯 개, 여섯 개 정도 이야기 해줄 것입니다. 다른 사람의 좋은 점은 알지만, 자신의 나쁜 점만 보려는 사람에게는 그것을 좀처럼 알지 못하는 것입니다.

자신의 좋은 점을 순수하게 인정하는 것도 자신의 발전을 위한 좋은 에너지가 됩니다.

작은 성공을 거듭해 간다

이렇게 해서 인생의 방향성이 밝은 쪽을 향하여 궤도에 오르기 시작하면 그 다음은 작은 성공을 거듭해 가는 것이 중요합니다.

우선은 큰 성공을 노리지 말고 작은 성공을 거듭하여 자신

감(自信感)을 길러 가는 것이 중요합니다. 작은 성공을 거듭하여 자신이 붙게 되면 그때 처음으로 자기의 나빴던 점을 겸허하게 반성할 만큼의 힘이 갖추어진다고 생각됩니다.

이런 단계가 중요하다고 생각합니다.

우울증인 사람은 브라질뿐만 아니라 전 세계에 많이 있습니다. 이것은 '주어진 것에 대해 감사하지 않으면 안 된다'라는 것을 뜻합니다.

예를 들어 '인간으로서 태어났다'는 것을 '나쁜 일이다'라고 생각하는 사람도 있을지 모르겠습니다. 하지만 동물과 비교하면 인간은 정말로 행복합니다. 여러 가지 일을 자유롭게 할 수 있기 때문입니다. 정말로 고마운 일이라고 생각됩니다.

대부분의 동물은 말을 할 수 없습니다. 또 일을 해도 월급조차 받을 수 없습니다. 경찰견은 일하고 있지만 월급은 받지 못합니다. 인간은 일하면, 가령 적은 액수라도 월급을 받을 수 있고 그것에 의해 경제적 자유를 얻을 수 있습니다.

'인간이다'라는 것은 실로 고맙고 고귀한 것입니다.

이렇게 조금 시선을 바꾸고 자신에게 주어져 있는 많은 것을 생각해 보는 것이 중요합니다.

쉽게 마약이나 알코올에 빠져들면 안 됩니다. 또 다른 사람과 비교하는 데에 너무 구애되지 말아야 합니다. 세상에는 많은 사람이 있어서 위를 보아도 아래를 보아도 끝이 없습니다.

자신이 관심이 있는 것 안에서 자신보다 뛰어난 사람을 볼 때 '나는 안 된다' 라고 생각하는 경향이 있다면 그것은 바꾸는 편이 좋습니다.

그렇게 생각할 것이 아니라 자신이 관심이 있는 영역에서 자신보다 성공한 사람이 있다면 그 사람의 훌륭한 점을 축복해주고 '저 사람처럼 되고 싶다. 저 사람은 나에게 이상적인 사람이다' 라고 생각하고 그 사람을 칭찬하는 마음을 가지도록 합니다. 그렇게 하면 자신도 그 사람에게 가까이 갈 수 있습니다.

성공한 사람을 축복하는 마음을 갖는 것도 우울증을 치료하는 대단히 좋은 약이 될 것이라고 생각합니다. '다른 사람은 혜택을 받고 있는데도 자신은 불행하다' 라고 생각하면 우울증이 낫는 일은 결코 없습니다. 그렇기 때문에 성공한 사람에게 용기를 가지고 칭찬해 주는 마음이 중요합니다.

운명은 정해져 있는가?
바꿀 수 있는가?

질문 '불행한 인생을 보낼 운명으로 태어난 사람은 그 운명을 바꿀 수 없다'라는 것은 맞는 생각입니까? '주 엘 칸타아레' 란 어떤 존재입니까?

기독교에서는 혼이 육체에 깃들기까지의 상황에 대해서 거의 언급하지 않기 때문에 이것에 관한 지식이 없는 사람, 혹은 믿지 않는 사람이 많다고 생각되는데, 인간은 이 세상에 실제로 태어나기 전에 영계에서 대체적인 인생계획을 세우게 됩니다. 그런 의미에서 운명은 있습니다.

대략적인 인생계획에서 자신의 부모를 선택합니다. 그리고 대체적으로 태어나는 지역을 선택하고, 직업을 선택합니다. 또 자신과 친하게 지낼 사람들과의 인간관계를 정하게 됩니다.

그리고 대개의 경우, 자신에게 무언가 하나는 뛰어난 재능이 있어서 '이런 인생을 보낼 것이다' 라고 예상할 수 있습니다. 그런 의미에서 운명은 있습니다.

하지만 이것은 완전한 결정론이라고 할 수 없습니다.

만약에 운명이 완전히 정해져 있고 절대로 바꿀 수 없는 것이라면 신은 대단히 심술궂은 존재일 것입니다. 왜냐하면 노력을 하든, 안 하든 마지막 결과는 같기 때문입니다. 정말 이렇다면 '신은 심술궂다' 라고 표현할 수밖에 없습니다.

'이 세상에 태어나서 노력을 한다고 해도 아무런 효과가 없다. 노력을 해도 하지 않아도 똑같다' 라고 한다면 인간은 타락할 수밖에 없을 것입니다. 반드시 그런 방향으로 갈 것입니다. 아무리 노력해도 결국 마지막이 똑같다면 노력할 이유가 없고, 좋은 일을 할 이유도 없습니다.

따라서 큰 테두리에서 자신 인생의 경향성은 정해져 있지만 '그 가운데에서 자신의 인생을 어떻게 만들어 낼 것인가?' 에 대해서는 대체로 절반 정도를 자신이 결정할 수 있다고 생각해도 좋을 것입니다.

전체 4분의 1 정도는 타고난 성격이나 성질, 태어나기 전의 계획 등이 영향을 줍니다. 그리고 나머지 4분의 1에는 악령의 빙의(憑依) 등, 이 세상에서 만나는 영적 존재와의 접촉이 영향을 주는 것입니다. 그것은 단지 악령뿐이 아닙니다. 물론 좋은 영도 있으며, 천사, 혹은 천사와 가까운 존재와의 만남도 있습니다. 그런 영적인 존재와의 만남에 의해 4분의 1정도의 영향을 받는다고 생각해도 좋습니다.

따라서 확실하게 말하자면 '반은 스스로 결정한다. 나머지 반의 반은 태어나기 전에 결정된 큰 테두리에 있다. 나머지 4분의 1은 영적인 존재와의 만남에 의해 결정된다' 라는 것입니다.

'운명의 반은 자신의 힘으로 바꾼다' 라고 말했는데 종교수행을 하고 고급령의 지도를 받게 되면, 75퍼센트까지도 자신이 생각하는 방향으로 인생을 바꿀 수 있게 될 것입니다.

그 다음에 '엘 칸타아레란 어떤 존재인가?' 인데 이야기가 길어지므로 나의 저서를 읽어 주시는 것이 더 빠르다고 생각합니다.

엘 칸타아레란 '지구의 빛' 이라는 의미입니다. 이 지구 전체를 반짝반짝 빛낼 것을 목적으로 하는 영존재(靈存在)가 엘 칸타아레입니다. 그것이 엘 칸타아레의 자리 매김입니다.

'이 지구상에 살아 있는 모든 존재 모든 것을 행복하게 한다' 는 것을 목적으로 삼는 영존재가 엘 칸타아레입니다.

나 자신은 엘 칸타아레의 혼의 중심부분에 가까운 일부가 육체에 깃들인 존재입니다. 이 지상에 태어난 내가 엘 칸타아레의 전부는 아닙니다. 나에게는 천상계에 남겨진 혼도 있습니다. 양쪽을 합쳐서 엘 칸타아레로서의 존재가 되는 것입니다. 왜냐하면 영체(靈體)로서의 사명이 너무 크므로 지상의 인간으로서 모든 기능을 소유할 수 없기 때문입니다.

　인간으로서는 할 수 있는 것에 한계가 있지만 영적 존재로서의 힘은 더더욱 큰 것을 가지고 있습니다.

　지금 여러분이 알고 있는 세계적으로 큰 종교의 대부분과 관계되어 있는 존재라고 생각하셔도 좋습니다.

　장래에 관해서는 공부를 하시는 것 이외에는 방법이 없습니다.

두 가지 사명을 느끼는 20대 청년

질문 현재 저는 28세입니다. 진리 서적을 읽고 '인생의 끝에서 길은 하나밖에 남지 않는다. 마지막에는 자신이 가장 기대하는 한 가지 사명밖에 남지 않는다'라고 해석하고 있는데 제 경우에는 사명이 두 가지 있다고 느껴집니다.
두 가지 사명을 가지는 것도 가능한 것입니까?

28세라면 추구하는 것이 둘 이상 있어도 이상하지 않습니다. 젊을 때는 아직 여러 가지 일을 추구할 때입니다.

하지만 40대에는 한 가지 길을 정해야 합니다. '50세가 되기 전에는 자신이 나아가야 할 길을 하나로 정해야 하지 않을까?'라고 생각합니다.

20대 때는 두 개가 아니라 더 많아도 상관없으므로 여러 가지 가능성을 시험해 보십시오. 젊은 사람에게는 여러 가지 가능성을 시험할 권리가 있습니다. 하지만 점차 자신 본래의 사명이라고 할 수 있는 한 가지 재능이 강하게 나타날 것입니다. 그리고 길이 하나가 되어 가는 것입니다. 최종적으로는 40대까지 자신의 길이 굳어지면 대체로 그것으로 성공한 것이 아닐까? 라고 생각합니다.

물론 지금은 평균 수명이 상당히 길어져서 70세나 80세로 제2, 제3의 인생을 사는 사람들도 있습니다. 이와 같이 지금은 예외가 많이 나타나는 시대여서 '한 가지만 해야 된다' 라는 한정은 기본적으로 없습니다. 몇 가지 일에 정진해도 좋습니다.

다만 '인간의 능력은 여러 가지가 있는 듯이 보여도 최종적으로 최고의 수준까지 다다르는 것은 한 가지' 라는 것만은 알아두십시오. 여러 가지 일을 할 수는 있지만 일류 수준까지 갈 수 있는 것은 하나뿐이며, 그 이외의 것은 최고 이하의 수준이 되는 일이 많습니다.

나는 책을 많이 쓰고 있으므로 책에 관한 것이라면 여러 가지 일들을 할 수 있습니다. 예를 들어 소설가가 되고자 하면 그 재능이 있을 것입니다. 다만 최고로 인정 받는 작가가 되는 것은 어렵다고 봅니다.

왜냐하면 종교가는 '인생은 이래야만 한다' 고 하는 사고방식을 가지고 있는데, 지금 유행하는 소설을 보면 지옥문학이 대단히 많기 때문입니다. 지금 소설에서는 지옥적인 것이 그려지지 않으면 재미가 없기 때문입니다.

하지만 나에게는 그런 재미있는 지옥문학은 쓸 수 없으므로 유감스럽지만 책은 쓸 수 있어도 소설가로서는 일류는 될 수 없을 것이라고 생각하고 있습니다. 역시 '종교에 집중하는 쪽이 세상에 도움이 될 것이다' 라고 생각하고 있습니다.

일반론으로는 '최종적으로 한 가지 재능에서 살아갈 도리를 찾아야 한다' 라고 생각하지만 젊을 때는 아직 권리가 있습니다. 시행착오를 겪으면서 여러 가지 일에 도전하여 '나라고 하는 존재는 무엇인가?' 를 탐구함으로써 자신을 알 권리가 있다고 봅니다. 그렇게 함으로써 숨겨진 재능이 나오는 일도 있을 것입니다.

현 시점에서 두 가지를 가질 수 있다면 당신은 연령에 비해 상당한 깨달음을 얻은 사람일지도 모르겠습니다. 나는 20대 때에는 여러 가지 일을 추구하고 있었으므로, 당신은 순수하고 열정적이므로 매우 좋다고 느껴집니다.

좀 더 나이가 들어서 50세가 될 때까지는 최종적인 길을 확실히 다지는 편이 성공하기 쉽습니다. 이것을 말해두겠습니다.

다만 앞에서 이야기한 것처럼 현재는 평균 수명이 길어져서 80세 정도까지 살아 있는 사람도 많으므로 제2, 제3의 길이 열리는 일도 있습니다.

나도 늦은 나이가 되어서 해외 전도를 시작했습니다. 그리고 지난 3년 사이에 영어로 설법을 할 수 있게 된 것입니다. 스스로는 '무리한 일이다' 라고 생각하고 있었지만 영어로도 일본어와 비슷하게 1시간 반 정도 이야기할 수 있게 되었습니다.

영어를 할 수 있으므로 다른 언어도 당연히 할 수 있게 될 것이라고 생각했지만, 유감스럽지만 할 수 없었습니다.

포르투갈어에 관해서는 브라질에 오기 전에 '브라질에는 매우 우수한 동시 통역자가 있으므로 선생님은 포르투갈어를 공부하실 필요가 없습니다' 라고 사전에 말을 들었기 때문에 약간 게으름을 피웠습니다. 오기 직전에 책을 3권 정도 사고 CD도 사서 일주일 정도 귀를 익숙하게 하면서 공부를 해왔습니다.

포르투갈어의 문법 참고서 중에서 가장 쉬운 것을 5번 공부했는데 정확하게 말할 수 있는 것은 '안녕하십니까' 와 '고맙습니다' 정도 밖에 없습니다. '지난 일주일간 포르투갈어의 문법 참고서를 5번이나 공부한다' 는 노력은 했지만 그 결과

'아직 포르투갈어로 자유롭게 설법할 수는 없다'라고 밝혀진 것입니다.

일본에는 행복의 과학 중학교와 고등학교가 있어서 며칠 전에 나는 고등학생을 위한 영어회화 입문을 강의했습니다.

일본에 귀국하면 이번에는 중학생을 위한 영어회화 입문을 강의해야 하는데, 이번에 브라질에서 포르투갈어를 공부하면서 어학공부의 어려움을 스스로 느꼈기 때문에 '학생들에게 대단히 유익한 강의를 할 수 있지 않을까?'라고 생각하고 있습니다. 자비의 마음이 한층 깊어졌습니다.

이번에 나는 '외국어를 공부하는 것은 어렵다'는 것을 새삼 느꼈으므로 중학생들에게는 선배 입장에서 부드럽게 대하고 싶습니다. 그들에게 반복해서 가르칠 만큼의 끈기를 가지지 않으면 안 된다는 것을 확실히 느꼈기 때문에 이번에 좋은 경험을 했다고 생각합니다.

이야기가 조금 벗어났지만, 20대라면 아직 자신이 갈 길을 분명히 정하지 않아도 괜찮지만, 50세에는 자신이 가야 할 길을 확실히 정하는 것이 좋습니다. 그동안 여러 가지 일에 관여한다고 해도 이윽고 많은 것을 포기하는 때가 올 것입니다.

사형제도를 어떻게 생각하는가?

질문 나는 선생님의 가르침에 있는 '용서하는 사랑'을 공부하고 사형 찬성론에서 사형 반대론으로 생각이 바뀌었습니다. 그런데 범죄가 많은 브라질은 살인범의 반 이상이 출소 후에 다시 범죄를 저지르고 있다는 통계가 있습니다. 인간이 영원한 생명을 가지고 있고 최대다수의 최대행복을 실현하기 위해서는 흉악범에게 사형제도를 적용하여 이 세상에서 저지른 죄를 반성하고 다시 새롭게 인생을 시작하게 하는 것도 좋을 것 같다고 생각합니다. 그렇게 함으로써 범죄자들이 다른 사람들의 생명을 빼앗아서 그들의 인생계획을 중단시키는 일이 줄어들고, 다수의 행복으로 이어진다고 생각됩니다.
사형제도에 관한 선생님의 생각을 듣고 싶습니다.

이것은 일본에서 없었던 질문이고 전 세계에서 참고가 될 것이라고 생각됩니다.

사형제도에 관해서는 반대론을 설하는 종교가 비교적 많지 않습니까? 종교가의 입장에서는 그렇게 말하는 것이 당연할

지도 모르겠습니다. 다만 영적인 시점도 포함시켜 종합적으로 판단을 하면 역시 정도의 문제가 있다고 볼 수 있습니다.

예를 들면 어쩔 수 없는 상황에서 범죄를 저질렀을 때나 정상참작의 여지가 있는 상황에서 사형을 적용하는 것은 정도가 지나치므로 그 경우에는 사형을 하지 말아야 한다고 생각합니다.

또 이슬람 국가에서는 '이슬람법에 저촉되었다' 라는 이유로 간단히 사형시켜 버리는 경우가 있는데 '범죄' 와 '받는 형 (刑)' 의 균형이 이루어지지 않을 경우에는 정도가 지나친 사형제도라고 할 수 있습니다.

당신이 말한 대로 중남미 등에서는 범죄자의 재범률이 대단히 높은 것 같습니다.

예를 들어 행복의 과학에서는 페루에 있는 형무소 죄수들에게 열심히 전도를 하고 있습니다. 그 이유를 물었더니 '형무소를 출소한 사람의 재범률이 상당히 높으므로 형무소에 있는 동안에 진리를 가르치지 않으면 안 됩니다' 라는 대답이었습니다.

확실히 진리를 모르기 때문에 죄를 저지르는 사람도 상당히 많을 것입니다. 그런 사람들은 '자신은 나쁜 환경에서 자랐기 때문에 이런 불행한 경험을 하고 있다. 세상이 나쁘다' 라고 생각하고 있을 것입니다. 진리를 가르침으로써 그런 사람들을 깨닫게 할 수 있을 것이라고 생각합니다.

다만 전반적으로 '흉악한 범죄에 대해 사형을 적용하지 않아도 좋은가?' 라는 문제가 있습니다.

예를 들어 총기 난사 사건으로 초등학생이 10명에서 20명 가까이 하교 도중에 죽음을 당한 사고의 경우에는, 부모로서는 간단히 범인을 용서하고 싶지 않을 것입니다. 또 '어떤 상황에서 사람을 죽여도 사형제도가 적용되지 않는다' 라고 하게 되면 범죄를 억제할 수 없게 될 것입니다.

물론 '집에 강도가 들어와서 상대를 죽이지 않으면 자신이 죽음을 당할지도 모른다' 라는 상황에서 강도를 죽이고 자신을 지켰을 때처럼 정당방위의 경우는 다릅니다. 하지만 '은행 강도가 돈을 강탈할 뿐만 아니라 많은 사람들을 죽인다' 라는 등, 흉폭하고 확실한 악의를 가지고 불특정 다수의 사람들을 죽이는 사건이 유행하게 된다면 나로서는 '사형제도를 폐지한다면 범죄는 줄어들지 않는 것이 아닐까?' 라는 생각이 듭니다.

사실은 그들에게 제대로 진리를 가르치고 '그것은 악의 행위다. 그런 짓을 하면 지옥에서 몇백 년이나 괴로워하게 된다' 는 것을 가르치고 싶은데 진리가 침투하는 동안에 이 세상에서 지옥의 영역이 넓혀지는 것은 바람직하지 않습니다. 또 '선량하게 사는 사람들이 그 삶을 빼앗긴다' 라는 것도 바람직하지 않습니다.

상파울루에서 마음에 걸리는 것은 거리의 많은 건물이 철책으로 둘러싸여 있다는 것입니다. 이것은 도쿄에서는 볼 수 없는 풍경입니다. '왜 이렇게 많은 철책으로 둘러싸여 있는가?' 라고 생각이 드는데, 아무래도 도둑이나 강도 등 위험한 사람이 들어오는 경우가 많기 때문일 것입니다. 대부분의 은행도 철책으로 둘러싸여 있습니다. '아마도 범죄율이 높은데 비해 치안이 나쁜 것이 아닐까?' 라고 생각됩니다.

경찰 등이 좀 더 신경을 쓴다면 범죄를 억제할 수 있겠지만, 자신이 아픈 꼴을 당하기 전까지는 자신밖에 모르는 인간이 가득한 한, 범죄는 없어지지 않으므로 그 상황에 따라서 대처해야 한다고 생각합니다. 일본에서도 과거 '헤이안 시대 약 400년 동안 사형이 거의 없었다고 말해도 좋을 만큼 사형을 행하지 않았다' 라고 전해집니다. 그런 시대도 있었던 것입니다.

그 나라의 문화나 생활수준, 도덕의 문제와도 연동된다고 생각하지만 현 시점에서는 '범죄다발국가에서는 아직 사형제도를 폐지해서는 안 된다. 선량한 시민을 보호하기 위해서 사형제도는 남겨 두는 편이 좋다'고 나는 생각합니다.

　물론 재판 과정에서 정상참작을 하는 경우도 있겠지만 '몇 명을 죽여도 사형을 당하지 않는다'라고 생각하면 고의적으로 사람을 죽이는 자가 나타날 것입니다. 그렇기 때문에 일반 사람들을 지키기 위해서라도 사형을 완전히 없애지 않는 것이 좋다고 생각합니다.

　또 한 가지, 사형을 영적인 시점에서 포착하는 것이 필요합니다. 이 세상에서 살인을 했을 경우에는 사후(死後)에 지옥계에 가게 된다고 보는데, 사형이 됨으로써 죄의 일부가 감해지는 경우도 있습니다. 범죄자라도 이 세상에서 죄의 대가를 치름으로써 내세에서의 죄가 가벼워질 수 있다는 영적 진실이 있습니다.

　옛날 전쟁시대에 많은 사람들을 죽인 영웅이라 하더라도 최후에는 죽음을 당하는 경우가 많이 있습니다. 그런 사람들의 영(靈)은 최후에 죽음을 당함으로써 죄가 가벼워지는 것입니다. 인과응보라고 할까, 똑같은 꼴을 자신이 당함으로써 그 카르마(업보)가 가벼워지는 경우도 있습니다.

　다만 이런 것은 군대에서 정의의 이름 아래에서 싸운 병사들에게는 적용되지 않습니다. 불법진리의 관점에서 볼 때 책임을 지는 것은 국왕이나 대통령 등의 정치가입니다. 즉 그것은 지도자의 책임인 것입니다.

또 사람을 죽여도 법률에 근거해서 적정하게 행한 행위에 대해서는 기본적인 책임은 없게 됩니다. 예를 들어 경찰관이 공무수행 중에 범죄자와 대립하게 되어 범죄자를 죽게 하는 일이 있어도 그 이유로 경찰관이 지옥에 떨어지는 일은 없습니다. 이 부분은 알아주셨으면 합니다.

정리해서 말하자면 흉악 범죄가 줄어들지 않은 나라에서는 사형제도를 남겨 두는 쪽이 범죄예방을 위해 좋을 것이라고 생각합니다.

다만 장래적으로 진리가 퍼져감으로써 그것이 범죄를 억제하는 힘이 되어 사전의 예방 효과가 강해진다거나, 형무소 내에서도 진리가 퍼져감으로써 재범률이 떨어지는 일이 일어나기를 바라고 있습니다.

거리의 건물이 철책으로 둘러싸여 있다는 것은 바람직한 상태가 아니고 유토피아와는 거리가 먼 상태인 것은 틀림없습니다. 그러므로 브라질에 올 때마다 철책의 수가 차츰 줄어들게 될 것을 나는 기도하겠습니다. 평화롭고 안전한 나라가 되어 가기를 바랍니다. 될 수 있는 한 평화로운 상태가 되었으면 합니다.

요컨대 자신이 남한테 당하고 싶지 않은 것을 남에게 하지 않는 일입니다. 반대로 말하면 자신이 남한테 원하는 것을 남에게 하는 일입니다. 그것이 종교서의 골든 룰(Golden rule, 황금률)입니다.

다시 말하여 '자신이 남에게 죽음을 당하고 싶지 않다면 사람을 죽이지 말라', '자신이 남에게 도둑맞고 싶지 않다면 남의 물건을 훔치지 말라' 라는 것입니다. 이것이 골든 룰이며 기본입니다. 그런 기본적인 것이 일상생활 속에서 예사로운 도덕으로서 실천되어야 합니다. 그 전 단계로서 치안이 나쁘다면 행정에 힘을 써서 선량한 시민을 안전하게 보호할 의무가 있습니다. 그것은 용인(容認)하는 바입니다.

일본처럼 범죄가 적은 나라에서도 가끔은 성격이상자가 죄도 없는 사람들을 대량으로 죽이는 일이 일어나서 '예방을 위한 방파제로서 완전하게 사형제도를 없앨 수 없는 것이 아닐까?' 라고 느끼고 있습니다.

물론 그런 사람을 말로 설득할 수 있으면 가장 좋은데, 브라질도 '80퍼센트가 가톨릭 신자임에도 불구하고 범죄가 많다' 고 하는 이 모순을 해결하지 못하고 있습니다. 그것은 '종교를 믿는 사람은 많지만 그 종교에는 실질상 힘이 없다. 영계에 관한 지식으로서 저 세상에 천국과 지옥이 있다고 들었더라도 그것을 실질적으로 느끼는 사람은 아직 많지 않다' 는 것이기도 합니다.

최종적으로 나는 이 지상에 평화로운 천국 사회를 만들고 싶은데 현실적으로는 무엇보다도 범죄를 줄여 가는 노력을 해야 합니다. 그것을 위해서는 범죄자의 온상인 빈곤층을 줄이지 않으면 안 됩니다. 여기에는 정치 · 경제적인 면에서의 노력이 필요하고, 그와 동시에 종교적으로는 '진리를 퍼뜨려 간다' 고 하는 정신운동을 하지 않으면 안 됩니다. 양 방향에서 시작하지 않으면 문제는 해결되지 않는다고 봅니다.

결론적으로 '현 시점에서 브라질에서는 아직 사형을 폐지할 수 없다' 고 생각합니다.

정치가의 역할이란 무엇인가?

질문　저는 정치가(준자이시의 전 시장)입니다만 사람들에게 행복을 주기 위해서 어떤 공헌을 할 수 있을까요?

정치가는 매우 창조적인 일이며 이미 존재하는 어떤 모범을 흉내 낸다고 되는 있는 일이 아닙니다. 정치가에게는 '이 세상에서 실제로 어떤 재료를 사용하여 어떤 가능성의 예술을 만들어 낼 것인가? 눈앞에 있는 자신이 입수할 수 있는 재료로 얼마나 훌륭한 예술작품을 만들어 낼 것인가?' 가 중요합니다.

바꾸어 말하면 마음에 강하게 그린 미래에 대한 구상, 즉 '미래는 이렇게 되어야 한다' 라는 모습을 현실화하고 바로 실행할 수 있는 입장에 있는 것이 정치가입니다.

당신은 현재 국회의원이실 텐데 국회의원의 역할은 바로

'이 나라의 형태나 모습을 앞으로 어떻게 만들어갈 것인가?'
를 마음에 그리고 그 꿈을 현실화해 가는 대단히 귀중한 역할
이라고 생각합니다.

다만 그것은 매우 어려운 일이기도 합니다. 성적은 모두 결
과로만 판정됩니다. '당신이 생각하는 것이 옳은가, 옳지 않은
가? 좋은 결과를 낳을 것인가, 아닌가?' 는 사전에는 아무도
모릅니다. 일이 끝난 뒤 그 결과를 보고 사람들이 판단하게 되
는 것입니다.

요컨대 첫 번째에 중요한 것은 '미래의 비전을 어떻게 그릴
것인가?' 입니다. 그리고 두 번째로 중요한 것은 '실제로 주어
진 재료, 다시 말하여 예산, 다양한 수준의 국민, 이 나라의 산
업이나 자원 등 정치가로서 사용할 수 있는 여러 가지 재료를
모두 사용하여 무엇을 만들어 갈 것인가?' 라는 것입니다.

이런 귀중한 일을 하고 있으므로 '정치가는 신에 대단히 가
까운 곳에 있는 직업이다' 라는 의식을 부디 잊지 마십시오.

현재 일본에는 유물론이나 무신론에 빠진 국민이 많아지고
있는데, 훌륭한 정치가는 최후에는 결국 의지할 곳이 없어서
신이나 부처에게 기도하는 마음으로 일을 하고 있습니다. 지위
가 높아지면 높아질수록 정말 그렇게 됩니다. 정치가는 신이나

부처를 대신해서 일을 하지 않으면 안 되는 입장에 있습니다.

따라서 정치가는 '명상을 하고 침묵 속에서 천상계의 신이나 고급령의 목소리를 듣고 그들이 보여주는 비전을 본다' 라는 수행을 하시기 바랍니다. 종교적인 활동도 결코 직업적인 면에서 마이너스가 되지 않을 것입니다. 정치가로서 가장 위쪽에 서 있는 사람은 신과 가까이에 있는 사람이 아니면 안 됩니다. 그것은 바꾸어 말하자면 '덕이 있는 사람이 아니면 안 된다' 라는 것입니다. '덕이 있는 사람' 이란 '한 사람이라도 더 많은 사람을 사랑할 수 있는 인간, 그런 그릇을 가진 인간' 이라는 것입니다.

종교수행을 '정치가로서의 실천을 지탱하는 수행의 하나' 라고 파악해 주셨으면 합니다. 종교를 믿는 정치가는 일본에도 많은데 그 대부분은 '신자가 많으므로 종교를 믿으면 표가 모인다' 라는 성도로밖에 생각하지 않는 것 같습니다.

그렇지만 소수의 정치가들은 '신이나 부처와 가까운 마음을 가지지 않으면 나라를 다스릴 수 없다' 라고 생각하고 있습니다. 그런 양심적인 정치가도 있습니다.

당신은 반드시 이와 같은 정치가가 되어 이 나라의 미래를 열기 위한 커다란 힘이 되어 주셨으면 합니다.

　‘평생에　단 한 번의　만남을 소중히 한다’라는 말을 이 브라질 순석만큼 깊이 느낀 적은 없다. 2010년은 229회나 되는 많은 설법을 하고 2009년 11월부터 1년 동안 52권의 서적을 출간하여 ‘기네스북’에도 최다기록이 공식적으로 인정된 해이기도 하지만, 정말로 나에게는 전투적인 한 해였다.

　그 기백이 본서에서도 느껴질 것이라고 생각한다. 말의 무게라는 것, ‘구세주 선언’, ‘세계 교사(world teacher)로서의 자각’이 나를 강하게 하여 주변 사람들도 더욱 분발하게 만들었다. 이 책은 전 세계 전도 선언의 책이라고 말하고 싶다.

　　　　　　　　　　　　　　　　　　　　2011년 1월 말

　　　　　행복의 과학 그룹 창시자 겸 총재 오오카와 류우호오

세상 사람들을 행복하게 하기 위해서

행복의 과학그룹 창시자 겸 총재 오오카와 류우호오

예수 그리스도도 할 수 없었던 일이 있습니다.

그것은 무엇인가 하면, 사랑과 발전이라는 두 가지 생각을 융합하여 그것을 이 세상에서 실현하는 일이었습니다.

행복의 과학은 그것을 추구하고 있습니다.

그리고 이 세상에서 혼을 수행하기 위해 깨달음이라는 불교적인 면노 강하게 주장하고 있습니다.

이것은 현대 서양에 결여된 것입니다.

지금 기독교와 이슬람교는 대립관계에 있습니다.

불교도 충분한 구제력(救濟力)을 가지고 있지 않습니다.

각 민족을 갈라놓은 것은 기본적으로는 종교일 것입니다.

종교가 민족을 갈라놓았다면 민족을 하나로 합치는 것도

종교의 역할이어야 합니다.

　나는 세상 사람들을 행복하게 하기 위해 활동을 시작했습니다. 많은 사람들이 함께 새로운 구세운동에 참여해 주시기를 바랍니다.

　－영어설법 'Love Blows Like the Wind(사랑은 바람처럼)'에서

본서는 다음의 법화를 정리하고 가필한 것입니다.

오오카와 류우호오 저작 참고 문헌

『태양의 법』 (행복의 과학 출판 간행)

『황금의 법』 (행복의 과학 출판 간행)

『영원의 법』 (행복의 과학 출판 간행)

『상승사고(常勝思考)』 (행복의 과학 출판 간행)

진실에 대한 깨달음

2011년 10월 15일 제1판 1쇄 발행

지은이 / 오오카와 류우호오
펴낸이 / 강선희
펴낸곳 / 가림출판사

등록/1992. 10. 6. 제4-191호
주소/서울시 광진구 중곡 2동 161-27 경남빌딩 5층
대표전화/458-6451   팩스/458-6450
홈페이지 http://www.galim.co.kr
전자우편 galim@galim.co.kr

값 9,500원

ISBN 978-89-7895-363-4 13320

가림출판사 · 가림M&B · 가림Let's의 홈페이지(http://www.galim.co.kr)에 들어오시면 가림출판사 · 가림M&B · 가림Let's의 신간도서 및 출간 예정 도서를 포함한 모든 책들을 만나실 수 있습니다.
온라인 서점을 통하여 직접 도서 구입도 하실 수 있으며 가림 홈페이지 내에서 전국 대형 서점들의 사이트에 링크하시어 종합 신간 안내 및 각종 도서 정보, 책과 관련된 문화 정보를 받아보실 수 있습니다.
또한 홈페이지 방문시 회원으로 가입하시면 신간 안내 자료를 보내드립니다.

Address(주소)

서울(SEOUL)
162-17 Sadang-3dong Dongjak-ku, Seoul, Korea
TEL 02-3478-8777 FAX 02-3478-9777 MAIL seoul@happy-science.org

대구(DAEGU)
TEL 053-291-3688 MAIL seoul@happy-science.org

도쿄(TOKYO)
6F 1-6-7 Togoshi, Shinagawa, Tokyo, 142-0041, Japan
TEL 03-6384-5770 FAX 03-6384-5776 MAIL tokyo@happy-science.org

뉴욕(NEW YORK)
79 Franklin Street, New York, New York 10013, U.S.A.
TEL 1-212-343-7972 FAX 1-212-343-7973 MAIL ny@happy-science.org

로스앤젤레스(LOS ANGELES)
1590 E. Del Mar Blvd, Pasadena, CA 91106, U.S.A.
TEL 1-626-395-7775 FAX 1-626-395-7776 MAIL la@happy-science.org

시카고(CHICAGO)
966 Estes Ct, Schaumburg, IL 60193 U.S.A
TEL 1-630-284-9784 MAIL chicago@happy-science.org

플로리다(FLORIDA)
12208 N 56th St., Temple Terrace, Florida 33617
TEL 1-813-914-7771 FAX 1-813-914-7710 MAIL florida@happy-science.org

뉴저지(NEW JERSEY)
725 River Road, Suite 58, Edgewater, NJ 07020
TEL 1-201-313-0127 FAX 1-201-313-0120 MAIL nj@happy-science.org

샌프란시스코(SAN FRANCISCO)
525 Clinton St., Redwood City, CA 94062, U.S.A.
TEL/FAX 1-650-363-2777 MAIL sf@happy-science.org

하와이(HAWAII)
1221 Kapiolani Blvd, Suite 920, Honolulu, Hawaii 96814, U.S.A.
TEL 1-808-591-9772 FAX 1-808-591-9776 MAIL hi@happy-science.org

카우아이(KAUAI)
4504 Kukui St, Suite 21, Kapaa, HI 96746, P.O.Box 1060
TEL 1-808-822-7007 FAX 1-808-822-6007 MAIL kauai-hi@happy-science.org

토론토(TORONTO)
323 College St,Toronto ON Canada M5T 1S2
TEL 1-416-901-3747 MAIL toronto@happy-science.org

벤쿠버(VANCOUVER)
#212-2609 East 49th Avenue,Vancouver, BC,V5S 1J9 Canada
TEL 1-604-437-7735 FAX 1-604-437-7764
MAIL vancouver@happy-science.org

런던(LONDON)
3 Margaret Street, London W1W 8RE United Kingdom
TEL 44-20-7323-9255 FAX 44-20-7323-9344 MAIL eu@happy-science.org

독일(GERMANY)
Klosterstr. 112, 40211 Dusseldorl, Germany
TEL 49-211-93652470 FAX 49-211-93652471
MAIL germany@happy-science.org

오스트리아(AUSTRIA)
Zentagasse 40-42/1/1b, 1050 Wien, Austria/EU
TEL/FAX 43-1-9455604 MAIL austria-vienna@happy-science.org

프랑스(FRANCE)
56, rue Fondary 75015 Paris France
TEL 09-50-40-11-10 FAX 09-55-40-11-10 MAIL france@happy-science.org

핀란드(FINLAND) / 멕시코(MEXICO)
MAIL finland@happy-science.org MAIL mexico@happy-science.org

남아프리카(SOUTH AFRICA)
55 Problem Mkhize (Cowey) Road, DURBAN,4001
TEL 031-2071217 FAX 031-2076765 MAIL southafrica@happy-science.org

상파울루(SAO PAULO)
R. Domingos de Morais 1154, Vila Moriana, Sao Paulo, SP-CEP 04009-002
TEL 55-11-5088-3800 FAX 55-11-5088-3806 MAIL sp@happy-science.org

스리랑카(SRI LANKA)
No.53, Ananda Kumaraswamy Mawatha, Colombo 7 Sri Lanka
TEL 94-011-257-3739 MAIL srilanka@happy-science.org

2010년 12월 현재